管理不狠，团队不稳

管理者如何带出一支高效能的团队

边涛◎著

金盾出版社

图书在版编目（CIP）数据

管理不狠，团队不稳 / 边涛著. —北京：金盾出版社, 2019.9
ISBN 978-7-5082-9671-5

Ⅰ.①管… Ⅱ.①边… Ⅲ.①企业管理—组织管理学 Ⅳ.①F272.9

中国版本图书馆CIP数据核字（2019）第153980号

责任编辑：周　继　　　整体策划：三客松

金盾出版社出版、总发行

北京市太平路5号（地铁万寿路站往南）

邮政编码：100036　　电话：68214039　83219215

传真：68276683　　网址：www.jdcbs.cn

三河市金泰源印务有限公司印刷、装订

各地新华书店经销

开本：889×1194　　1/32　　印张：6

2019年9月第1版第1次印刷

印数：1~50 000册　　定价：39.80元

前　言

带领团队，一起搏未来

什么是成功？成功=团队+成果。

什么是团队？团队=成员+管理。

成功看起来像是一个人的英雄史，可是当拂去荣耀的浮尘后便不难发现，那些曾经白手起家，凭着一个人便力挽狂澜的传奇故事，已经很难在这个时代上演。

作为"商业传奇"的马云带领阿里奔向美国纽约证券交易所；作为"搜索巨头"的李彦宏率领着百度走进美国纳斯达克。他们一次又一次地用团队创造奇迹，用一场又一场战斗谱写了属于他们的壮美诗篇，用一个又一个的成果撰写了世人仰望的成就。

当管理者看到这里的时候，心中满是对这些成功人士的钦佩与仰望，并在脑海中开始探求他们成功背后的原因。

没有谁可以独自成功。阿里巴巴的成功凭借的是"十八罗汉";百度的成功凭借的是"七剑客";腾讯的成功凭借的是"五虎将";脸书的成功凭借的是"四君子";小米的成功凭借的是"七人团"……

在世界范围内,成功的团队车载斗量,但成功的个人却是凤毛麟角。

每一个出色的管理者背后总是拥有一支凝聚力极强的团队。所以,管理者必须意识到个人英雄主义的时代早已成为历史,而带领团队冲锋陷阵却是正当其时。

"管理团队"绝不是简单的纸上谈兵,而是在拥有管理知识基础之上的实操行为。换言之,管理者想要带领团队拼搏未来,就一定要先学会管理团队。管理者只有学会管理、学好管理,才能带领团队在行业内拼出业绩。

有些团队看似同心协力坚不可摧,可一瞬间便如大厦倾塌。因此,组建一支真正有凝聚力和战斗力的团体并不简单。

如何提高成员的执行力,如何让团队分工明确,如何让员工对团队有归属感,如何让团队的工作效率变得更加高效,如何让团队的人才人尽其才,如何让每一位成员都具有责任感,如何让团队更快前进,如何在行业立于不败之地……

这些问题都需要管理者去思考。

如何将自己从繁忙的工作中脱离出来,如何让自己在团队中服众,如何让自己成为一名优秀的管理者,如何让自己在团队中与成员打成一片,同时也保持着自己的威信度……

这些问题也需要管理者去探索。

如果身为管理者的你对此感到迷茫,还不知从哪里找到答案,请翻开这本书。它将会一一告诉你这些问题的最佳解决方法,让你在凌乱的管理活动中找出头绪,让你在迷茫无措的管理中找到方向。

希望这本书可以给予每一个读者最有用的管理知识,让管理者可以带领着自己战无不胜的团队一起拼搏未来!

目 录
Contents

第一章 单打独斗的时代已经过去

单打独斗的人，越往前走路越窄……………………… 002

团队就是一群人去做一件事……………………………… 006

不管你多么优秀，背后都需要站着一群人…………… 010

能够扭转乾坤的力量，莫过于团队间同心协力……… 014

失败的团队无人成功，成功的团队无人失败………… 017

第二章 一盘散沙无法带来高业绩

并不是人多就可以称为"团队"………………………… 022

不自律、太小气，这样的管理者做不长………………… 026

没有执行力，一切都是空谈……………………………… 031

关注的事情太多，反而什么都做不好…………………… 036

限制团队进步的五大错误………………………………… 040

第三章　高效团队就像狼群，一呼百应

看！狼群是这样捕食的 …………………………… 046

分工明确的团队才最完美 ………………………… 050

影响力指的是激励，而非"暴力" …………………… 054

员工有归属感：这就是我的家 …………………… 059

让员工佩服的管理者，必须有两把刷子 …………… 064

第四章　团队中，人才是关键

真正的优秀管理者要做的事情就是"管人" ………… 070

不能服众，你怎么带团队？ ……………………… 074

让有能力的人站上"C位" ………………………… 079

权力下放，让员工该怎么做就怎么做 …………… 084

论资排辈，论的是能力而非年龄 ………………… 088

第五章　培养责任感，提升凝聚力

责任感是高效团队的基因 …………………………… 094
总是犯"低级错误"，是能力问题还是态度问题？… 096
多听多看，团队中的问题无所遁形 ………………… 100
丑话说在前，不负责任的后果很严重 ……………… 104
把责任落实到每一个人身上 ………………………… 109

第六章　有成果一起分享，有困难一起克服

时刻记得"我们是一个团队" ……………………… 114
奖励与惩罚到位，员工工作才更加积极 …………… 119
"爱哭的孩子"更加没资格"吃奶" ………………… 123
想要吃"大锅饭"的请离开 ………………………… 127
对付"刺头"，要比他的"刺"更多更硬 ………… 132

3

第七章　有目标的团队才能走得更远

所谓目标，就是变被动为主动 …………………… 138

告诉大家：努力是为了梦想，而非干活 …………… 142

职场不是马拉松，一个团队必须整齐划一 ………… 147

目标越清晰，道路就越好走 …………………………… 151

梦想不是妄想，不要设定没有可能的目标 ………… 155

第八章　培养危机意识，共同进步

最危险的事情莫过于自认为安全 …………………… 160

身后有狮子追逐，羚羊才会拼命奔跑 ……………… 164

在团队内被人"PK"，总好过在业界被人打败 …… 168

每个团队都需要一条"鲶鱼" ………………………… 173

团队中的每个人都有危机感，才不会有人掉队 …… 177

01 第一章

单打独斗的时代已经过去

管理不狠，团队不稳

单打独斗的人，越往前走路越窄

一个智者带着徒弟在河边散步。突然，智者停下了脚步，问徒弟："一滴水，怎样做才能使其永不干涸？"徒弟想了很久，回答说："将这滴水放在掌心里。"智者笑着摇了摇头，说："想让一滴水永不干涸，只有一个办法：将它投入大海。"

一滴水想要不干涸，就需要放到大海之中。那么一个人呢？一个人如果不懂得寻找"大海"，只是一味地单打独斗，迟早也会"干涸"。

正如微软公司的创始人比尔·盖茨所说："在社会上做事情，如果只是单枪匹马地战斗而不靠集体或团队的力量，是不可能获得真正成功的。现代毕竟是一个竞争的时代，如果我们懂得用大家的能力和知识的汇合来面对任何一项工作，我们将无往而不胜。"

海尔集团的张瑞敏曾经被众人称为"中国第一CEO"，他赢得这个美誉不仅是因为他的个人能力，更是因为他背后的团队。

在海尔的企业文化手册中，记载着这样的一个故事。一天下午两点，海尔集团接到了一位德国经销商的电话，电话里要求他们必须在两天内发货，否则之前签署的订单将自动失效。如果想达到客户的要求，就意味着他们必须要在当天下午将经销商所需要的全部货物装船。当天正好是周五，海关和商检等有关部门五点钟就要下班，所以他们必须赶在五点钟之前完成装船，这就意味着他们只剩下3个小时来准备这一切。按照正常的流程，在3个小时内完成这一系列的装货任务是根本不可能的。

不过，出现在海尔员工脑海中的第一个念头不是"我根本做不到"，而是"我应该怎么做到"。经过短暂思考之后，他们决定双管齐下，有人负责备货，有人负责报关……他们每个人都脚不沾地，全身心地投入到自己的工作当中。

当天下午5点30分的时候，德国的那位经销商收到了海尔发来的"货物已发出"的消息。看到这个消息之后，从未写过感谢信的经销商，很快便向海尔发来了一封感谢信，信中写道："我做家电十几年了，还从没有给厂家写过感谢信，可对海尔，我不得不这样做！"

试想一下，如果只有张瑞敏一个人，他是否能在短短3个小时内将所有货物装货完成，把原本不可能的事情变成可能？答案是否定的。

即使是优秀能干的张瑞敏，也需要众人的支持，需要团队的配合。

海尔，从一个名不见经传的小公司，成为了一个闻名遐迩的大企业，这不仅是因为张瑞敏这个优秀的管理者，更是得益于海尔的每一个员工。

有很多管理者都希望自己可以成为传说中的英雄，但实际上抱着这种想法的管理者总会经历更多的挑战与失败。

管理不狠，团队不稳

小郑是团队的管理者。他一直觉得团队能有现在的成绩，都是依靠他过硬的个人能力，因此，所有事情他都愿意独挑大梁。

有一次，小郑接到了他人生中最大的一笔单子。为了完成这个项目，他主动将全部核心工作都揽到了自己的身上，然后没日没夜地加班，甚至晚上都留在办公室过夜。其他成员想帮他分担一些，他却认为这些成员根本没有这个能力，于是只将一些鸡毛蒜皮的小事分给了他们，自己将所有核心资料牢牢地抓在手里。

结果半个月之后，小郑因为过度操劳住进了医院。可再过几天就是和客户签合同的时候了，如今项目没有完成，其他的成员对这个项目也完全不了解。即使小郑在医院给他们大概讲解了一下，但是他们对该项目一知半解，根本无法独立完成。就这样，时间一天天过去，团队的所有成员急得焦头烂额可却束手无策。签合同的时间到了，项目还没完成，连帮客户答疑解惑的人都没有。最后，客户十分失望地离开了，甚至连违约金都懒得要了。

小郑出院之后，懊悔不已。周围其他的管理者知道这件事情之后，纷纷对小郑说道："小郑，你的管理方法错了。现在想要靠单打独斗去取得成功根本不可能，只有在团队成员的参与和帮助下项目才能完成。"

听到这些话，小郑醍醐灌顶，他也终于明白"单打独斗的人，越往前走路越窄"的道理。

如果小郑最开始的时候便将这个项目分配给团队成员，或是和团队成员一起完成，那么他便不会因为太累而病倒。就算病倒了，了解项目的其他成员也可以继续完成最后的步骤。从那以后，小郑便开始学着将事情分配给成员，让他们和自己一起奋斗。渐渐地，团队接到的项目越来越好，并且每次他们都能一起很好地完成。

如今早已不是个人英雄主义的时代，而是团队英雄主义的时代。管理者要清楚地知道，单打独斗，仅凭一己之力苦苦支撑的日子已经过去，想方设法发挥团队成员的能力才能更好地使项目顺利完成。

团队就是一群人去做一件事

有些人，可以在行业中拼出名气，赢得业绩；但些有人，却只能湮没在行业大潮之中，不为人所知。为什么会有不同的结果呢？将目光锁定在前者的时候，不难发现，这些人一般在工作中都比较努力拼搏，有自己的追求和信仰，能够为了实现理想接受与他人并肩作战；而将目光定格在后者的时候，却发现他们只是为了工作而工作，只会考虑自己的利益，对他人和集体的利益漠不关心。

曾经有这么一个故事。一个身着魔术师衣服的人来到了一个村庄，他向迎面走过来的一名妇人说："我是一个魔术师。我手里有一颗神奇的石头，只要将它放到烧开水的锅里，就会煮出这个世界上最美味的汤。"

妇人看了看魔术师手中的石头，满是疑惑地说："就这样一颗普通的石头，就能煮出世界上最美味的汤？你别开玩笑了。"

魔术师笑着对妇人说："你如果不相信我所说的话，那我现在就用这个石头煮出汤来，让你看看它究竟是不是最美味的。"

这个消息立刻在村子里传开了，大家都从家里走了出来。魔术师看了一圈，说道："你们可以先给我找一口锅和一桶水吗？"没多久，村民们就拿来了锅和水，在空旷的地上架上炉子，烧起柴火。当锅里的水已经煮沸的时候，魔术师便将那颗石头小心翼翼地放入滚烫的锅中。

过了一会儿，魔术师用汤匙尝了一口，十分满意地说："这个汤真的是很美味，不过要是能有一点洋葱就更好了。"刚说完这句话，就有人急忙跑回家里，然后拿着几个洋葱跑了回来。将洋葱放进去之后，魔法师又尝了一口："这个汤变得更加美味了，不过要是再有点肉片，那可能就会更香。"

另一个村民回到家，拿了一堆肉过来。将肉片放到锅里之后，魔术师又尝了一口，再一次说道："要是能再来点蔬菜就真是色香味俱全了。"

将蔬菜放进去之后，魔术师尝了一口，对大家说："大家都来尝一尝这个汤的味道。"每个人都用自己的汤匙尝了一口锅里的汤，然后都对汤的味道赞不绝口。此时的魔术师又开口说道："如果能有一些蘸料就好了。"听到这句话，人们纷纷跑回了家，有的拿着食盐出来，有的拿着酱油出来，有的拿着辣椒出来。大家交换着调料，称赞着这锅汤是他们喝到的最美味的汤。

其实，这个人并不是魔术师，他手中那颗所谓的"可以煮出最美味汤"的石头，也只不过是从路边随手捡来的。煮出来的汤之所以可以成为世界上最美味的汤，不过是因为每一个村民都拿出了自己的材料，他们将自己拥有的材料奉献出来，期望着"世界上最美味的汤"在自己的注视下诞生。

有人说，这些为了煮出世界上最美味的汤而竭尽所能的人，就可以称之为一个团队。也有人说，不管成员的数量或多或少，能够迸发出极强战斗力的人群都可以视为一个团队。那么，究竟什么样的人群才能称之为团队呢？

第一，成员怀着相同的信念去做同一件事情。目标一致，成员才能团结一致；信念相同，才能拥有"舍小我，成大我"的精神。

洪水过后的一个清晨，人们站在河坝上看着前面凶猛的波涛。突然有人说道："快看，那是什么？"人们随着他所指的方向看过去，一个人头大小的黑点随着波浪漂流过来。人们正打算下去营救的时候，一位老人阻止道："那不是人，那是蚁球。我在很小的时候也见过一次，不过那个蚁球有篮球大小。当它们遇到洪水或是大火的时候，它们就会迅速抱成团，直到它们上岸。现在，只要这个蚁球能够上岸，或是遇到一个大点的漂流物，就可以得救了。"

果然，没过一会儿，蚁球就靠岸了。它们像登上陆地的海军一样，有秩序地、一排排地上了岸。而不远的水中还漂着一团蚂蚁，它们是为了掩护同伴生存下来的牺牲者。

那些蚂蚁之所以可以毫不犹豫地充当牺牲者，是因为它们有着同样的一个信念——让更多的伙伴活下去。

真正的团队亦是如此。团队中的每一个成员都可以为了共同的目标和信念奋斗不歇，甚至可以牺牲个人的利益。

第二，要怀着相互配合的想法去做同一件事情。即使有着相同的目标，大家各自按照自己的想法行事，缺少了有效的配合，目标也无法达成。而当团队成员带着共同的意识，互相帮助，互通有无，彼此配合，就能成为一个无坚不摧的团队，一个真正可以走向成功的团队。

有一天,锁对钥匙抱怨道:"我每天24个小时辛辛苦苦地为主人看家,但他却每天将你放在兜里,带在身边。"钥匙也对锁埋怨道:"你每天都舒舒服服地待在家里,不用日晒雨淋的,可我呢,没有一天是不用奔波劳碌的。"

几天之后,钥匙也想过锁那样舒服的一天,于是它将自己悄悄藏在了沙发的缝隙之中。等到主人出门回来的时候,找遍全身也找不到钥匙,一气之下他便找人将锁给砸了,换了一个新锁。当主人坐在沙发上的时候,却发现了钥匙。他拿起这把钥匙,生气地说:"锁都已经换掉了,现在留着你也没有什么用了。"说完便将锁扔到了垃圾桶里。

在垃圾桶相遇的锁和钥匙,面面相觑,最终无奈地说道:"如今我们被主人遗弃,根本原因就是因为只看到自己工作的辛苦,却看不到对方的辛苦,不懂得相互配合。"

团队是由多人组成的,人多就意味着会有分歧产生,倘若团队成员可以相互理解、相互配合,就可以减少分歧的产生。

什么是团队?团队就是一群人去做一件事情,也是一群人怀着相同的信念去做一件事情,更是一群人在相互配合下去做一件事情。真正的团队是不抛弃、不放弃,为了共同的目标而奋斗。

强大的团队离不开有能力的管理者,而有能力的管理者也不能脱离身后优秀且强大的团队,两者相互配合才能将团队的力量发挥到极致。

管理不狠，团队不稳

不管你多么优秀，背后都需要站着一群人

当一个团队取得成功的时候，所有人偏向于将目光放在管理者身上，觉得任何的成功都因为站在最前面的管理者。但有多少人只看见了管理者的成功光环，忽略掉了那些管理者背后站着的那一群人。

如果管理者背后没有站着这样的一群人，他的成功也只不过是昙花一现，他的团队战斗力也不会长久。纵观古今中外历史，无论多么伟大的成功者，他们的背后总是站着一群人，而那些崇尚个人英雄、喜欢单打独斗的人，总是很难取得成功。

小郭在一家公司工作，基本天天加班，可是他加班完成的项目却始终没有得到任何奖金，而他的部门经理却一再得到公司的奖励。每次开讨论会的时候，部门经理总是要求小郭他们要将项目做到最好，却从来不给成员任何实质性建议。

当成员们辛辛苦苦加班，为了方案绞尽脑汁的时候，部门领导却在看着微博的热搜。当他们拿着辛苦做出来的方案让经理提建议时，领导的项目意见永远都只有一句："这个方案还是不对，不是客户想要的感觉，你们再重新做一份。"

成员们把方案多次修改调整之后，终于使上级和客户满意

了，但是让小郭他们没有想到的是，上级在表扬的时候并没有表扬他们所在的部门，而是只表扬了他们的部门经理。

后来，小郭终于知道部门经理每次在向上级汇报方案的时候，从来都不提成员的辛苦和付出，反而将所有的功劳都揽到自己身上，并委婉地表示出部门成员都很年轻，做出的方案有所欠缺，最后还是在自己加班修改完之后才交付出这样一个满意的方案。

久而久之，小郭他们对经理的这一作法表达了不满，但经理却始终没有认识到自己的错误。在多次争吵无果之后，小郭选择了离职，之后，部门的很多员工也都纷纷选择跳槽。小郭原本所在的部门成为了公司里离职率最高的部门，工作效率大大降低，部门经理也被上级调换了岗位，变成了一名普通职员。

身为管理者的你，是不是也会犯部门经理这样的错误，将团队的功劳当作自己一人的功劳，丝毫不懂得尊重团队成员的付出，认为自己才是让团队成功的重要原因，而其他人都是可有可无的存在。但实际上真的如此吗？阿里的"十八罗汉"、腾讯的"五虎将"、脸书的"四君子"、小米的"七人团"……

无数事实证明，无论是多么出色的企业，多么优秀的企业家，他们的背后都一定站着这样一群人，这群人帮他们制订规则，帮他们将制度与计划落地执行。在这个新时代，没有谁的成功是依靠自己就能达成的，个人的英雄时代早已成为过去，那些曾经凭借一己之力力挽狂澜的强人早已被时代所淘汰。

那么，管理者背后站着怎样的一群人，才能被定义为真正优秀且成功的管理者呢？

! 管理不狠，团队不稳

第一，背后站着一个团队。当管理者看不到或是忽略成员的努力和付出的时候，这个成员所组成的便不是团队，而是人群，一个随时都会走向失败的人群。

大海曾经对水滴说："你们对我来说，毫无意义。如果没有我，哪有你们的存在？"水滴们听后都纷纷离开了这个大海。慢慢地，这个曾经一望无际的大海干涸了。而那些曾经被蔑视的小水滴汇聚成了新的大海。

大海之所以成为大海，就是因为无数个小水滴的存在；而成功的团队之所以成为团队，正是因为成员们凝聚在一起为了共同的目标共同打拼。人们常说，"打江山容易，守江山难"，团队的发展亦是如此。组建团队容易，但是管理团队、带好团队却是难事。

管理者必须要将团队成员凝聚在一起，带领他们为了共同的目标不断前行，这样才能使团队成员有信心面对一切困难和挑战，并在自己的带领下使团队一步步走向成功，一步步走向辉煌。

第二，背后站着一个有团队精神的团队。团队精神可以使原本毫无战斗力的团队变成战斗力爆表的团队，可以让一个寂寂无名的团队成为后起之秀。没有团队精神的团队只是一盘散沙。

索尼公司是享誉全球的著名企业，但是从2008年起，索尼7年业绩连续亏损。索尼当任CEO平井一夫极力推行转型调整，但结果仍是不如人意。而平井一夫对这一现象总结了三点原因："激情集团"不存在了、"挑战精神"消失了、"团队精神"消失了。当团队精神开始消失，索尼公司便从业界的创业先锋沦为了落伍者。

团队精神是凝聚成员的"纽扣",是团队保持激情与活力的重要因素。管理者想要"守好江山"就必须要让团队成员具备团队精神。

第三,背后站着一个有专业知识的团队。每个团队都必须要有专业的人。刘备为什么可以在群雄之中脱颖而出?因为他文有诸葛亮,武有关羽、张飞、赵云等人,这些人都是使刘备成为三足鼎立中一足势力的强大支撑力。

管理者也必须要注意这一点。一方面,管理者要在招聘的过程中,挑选出自己和团队所需要的成员。另一方面,管理者要在管理过程中发现成员的长处,对他们进行适当的调整,让他们最大程度地发挥自己的作用和价值。

管理者的成功是因为团队的成功,管理者的优秀是因为团队的优秀。实际上,一个真正优秀的管理者,会懂得成功源自于团队,源自于他背后的每一个人。管理者始终都要记得一个道理:管理者并不意味着全能者,但一定要是一个能使团队成员凝聚在一起做事情的人,也是一个懂得最大限度发挥团队成员作用和价值的人。

管理不狠，团队不稳

能够扭转乾坤的力量，莫过于团队间同心协力

大海之所以宽广，是因为有成千上万条河流向它汇聚；宇宙之所以浩瀚无垠，是因为它包容繁星；狼群之所以所向披靡，是因为它们有着强大的凝聚力……那我们的团队呢？要想使团队发挥强大的作用，团队的成员就要同心协力。

一个同心协力的团队能够披荆斩棘，甚至扭转乾坤；而一个没有凝聚力的团队就如一盘散沙，根本没有丝毫战斗力。

孙先生开了两家分公司。一天，他派了总部两个优秀的成员，分别管理新开的两家分公司。第一个成员生性敦厚，待人热情，对成员和善，对客户真诚，所以找他合作的人越来越多。虽然合作的人越来越多，但是第一个成员管理的分公司仍然入不敷出。这是为什么呢？原来这个成员根本不懂管理财务，账务往来弄得一团糟。虽然有源源不断的生意，可实际上并没有创下多少收益，甚至公司的好几笔欠款根本没有讨回。

而另一个管理分公司的成员在管理财务方面有着极为丰富的经验，对团队的管理也极为注重。在最开始的时候，也有很多客户来寻求合作，可是这个成员虽然做事果断，但是每天都阴沉着脸，给人的感觉太过严肃。久而久之，有很多客户都不愿意和他

合作了，这家分公司的业绩也开始不断下滑。

两个月之后，孙先生来检查这两家分公司，发现二人都将分公司管理得一塌糊涂。为了弄清原因，孙先生在两家分公司分别待了几天。

后来，孙先生将这两个成员放在了同一家分公司。让第一个待人热情的成员负责公关，而让那个严肃的成员负责财务管理。果然，一段时间之后，分公司由亏转盈，发展得越来越好。

待人热情的成员不懂得财务管理，导致入不敷出，所以，他并不能让团队真正发展；严肃的成员虽然懂得财务管理，但却并不善于公关，所以，他也不能让成员快速成长。可是当他们两个结合在一起的时候，就可以取长补短，让团队得到发展壮大。事实证明，单打独斗会让他们越走越窄，而同心协力却可让团队发展的势头越来越猛。

那么，如何让团队成员同心协力呢？

第一，明确团队的发展目标。没有前景，就没有动力；没有目标，就没有方向。在最开始的时候，管理者就必须要为团队成员明确团队的发展目标，让他们可以有着相同的奋斗目标，有着相同的终点，而不是每个成员都有着自己的想法，都只是为了自己的利益去工作。没有共同的奋斗目标，团队将不再是团队，而是普通的一群人。

管理者想要做到这一点，就要将目标细化和阶段化。管理者将阶段化的目标分解到每一个成员身上，让他们可以有一个短期的奋斗目标；同时也要将目标细化，让每个成员都能从目标中找到自己的价值并为之努力。

第二，统一的团队核心价值观。如何让团队同心协力？薪资，待遇，平台？这些都只是让成员留下来的方法，却不是让团队同心协力的方法。想让成员互帮互助，想让团队同心协力，就必须要用价值观将志同道合的人聚集在一起。

正所谓"道不同不相为谋"，管理者必须首先明确团队的核心价值观，而这个核心价值观必定也是所有成员所认可的。只有在此基础上，成员才能聚集在一起，从而拥有转败为胜的力量。

团队若不能同心协力，那么，一切美好的愿景和前景都将会化为泡影；团队若不能同心协力，无论成员有着多高的能力和学历，那都将是毫无用处。世界上著名的西班牙皇家马德里球队拥有着世界上最出色的球员，每个球员都有着让他人信服的能力，但当这些人组成一个团队时，它似乎并不像人们所想象的那样所向披靡。

这是为什么呢？原因很简单，团队绝不是因为一些优秀、出色的人才聚集在一起而得名。因为同心协力，所以蚂蚁可以拥有强盛的生命力；因为同心协力，所以狼群可以一往无前；因为同心协力，所以雁群可以飞行千里。当团队成员同心协力的时候，团队就拥有了力挽狂澜的力量。

失败的团队无人成功，成功的团队无人失败

团队，就像是航行在大海中的一艘小船，会遇到惊涛骇浪，也会遇到狂风暴雨，甚至会遇到暗流礁石。如果想要避开这些灾难，就必须依靠船长对航程的全方位掌握，舵手对方向的掌控，瞭望员对远方海面的细心观察等。如果他们合作无间，关注的是集体的利益，船或许就能安全抵达岸边；但如果他们始终都只关注个人利益，当遇到困难或者危险之时，他们可能只考虑到自己的安危，各自寻找生路，那么，这个船上的所有成员都得面临危险的境遇。

不管是管理者，还是普通成员，一旦大家在同一个团队之中，就是"一荣俱荣，一损俱损"的关系。想要团队有更好的业绩，就必须要让每一个成员知道他们与团队的关系，知道团队对自己的重要性。

通用汽车公司作为汽车生产行业的佼佼者，对员工有着极高的要求，这要求不仅包括对学历的要求，更包括对团队合作的要求。

在通用电气的一次招聘中，经过层层筛选之后，人事部选出了6位最适合公司应聘条件的名单。确定之后，人事部便将名单

❗管理不狠，团队不稳

交给了部门经理约翰。

约翰看着这6个人的简历，他们都毕业于名牌大学，在大学时期成绩优异，并且都得到了老师和同学们的一致赞扬。但是约翰知道，公司所需要的员工不仅局限于能力和知识的出色。

为了检测他们究竟适不适合公司，约翰决定对他们进行一场别出心裁的面试。在面试的时候，约翰将6个人一起叫到办公室，给了他们每个人10元钱，并告诉他们："我们这一次的面试很简单，就是拿着你们手里的10元钱，到对面的好再来餐厅吃一顿饭，但前提是，你们6个人都必须吃上饭，不能出现有人饿肚子的现象。"

6个人听到这个要求的时候，觉得这件事情很容易办到，于是他们信心十足地走向了好再来餐厅。进去之后，这6个人分别找了一张桌子坐下来，但是等他们看完菜单才发现这里的饭菜虽然价格不贵，但是每个人最少也得花12元钱，可是他们每个人手中就只有10元钱。就算是把他们手里的钱都加在一起，也无法达到考核的标准。

无奈之下，他们只好垂头丧气地回到了约翰的办公室，将各自的10元钱原封不动地还给了约翰。约翰看着被退回的钱，对他们说道："对不起各位，虽然你们每个人都很优秀，但是并不适合我们公司。"

听到这里，他们就更加沮丧了，其中一个人反问道："那家餐厅最便宜的一顿饭也得12元，我们6个人至少得花72元，但是您就给了我们60元，这明显不够啊！这场考验根本就不可能有人完成。"

约翰笑了笑回答道:"在回答你们的问题之前,你们先告诉我,你们6个人没有坐到一起吧?"6个人都点了点。约翰继续说:"的确,那家餐厅最便宜的饭是12元钱。但是那家餐厅一直有一个活动,如果5个人或是5个人以上的人去那里吃饭,餐厅会免费送一份饭。也就是说,如果你们一起去餐厅,那你们就可以只用5个人的饭钱吃6个人的饭。很遗憾,你们并没有这样做。这说明你们永远都习惯以自我为中心,却忘记了团队的重要性。我们公司需要的不仅是能力和知识一流的员工,更是懂得团队合作的员工。你们若是永远都只想着自己的成功,而忽略了团队的成功,那么,团队一旦失败,你们的成功也就只是失败;但如果你们的团队成功了,你们自然也是成功的。希望你们以后不管在什么地方工作,都一定要记得:成功的团队从来都不存在失败者,同样,失败的团队也不会存在成功者,你们和团队永远都是一体的。"

6个优秀的应聘者,因为忽视了团队的作用而导致了面试失败!现在社会仅仅依靠单打独斗来获得成功已不现实,越来越多的企业开始注重团队建设。的确,团队和成员的关系异常紧密,只顾自己不管团队,时刻把自身利益放在首位的人不适合现在的企业文化。

那么,管理者应该如何提升团队的凝聚力呢?不妨试着从以下两方面来着手。

一方面,管理者必须要让成员明确知道:失败的团队无人成功,成功的团队无人失败。当成员一旦有了这个意识,他们就会将个人命运和团队的发展相结合。将团队的成功视为自己的成功，将团队的失败视为自己的失败。

在此基础上，成员便会为团队的成功而拼尽全力。如果每个成员都有这样的想法和精神，不仅会增加团队的凝聚力，也会提升整个团队的执行力。

另一方面，管理者必须要加强成员的归属感。归属感是将每个个体的成员连在一起的黏合剂，可以让每个成员都产生一种"家"的感觉。一旦成员将团队当作自己的"家"，他们就会将自己的命运和团队的命运联合在一起。

成员与团队原本就是息息相关的，不过因为某些原因，这种意识逐渐被淡化。但如果管理者想让成员真正的为团队而工作，就必须要重新让他们拥有这种意识，并不断加强，而不是对团队成员放任不管，让他们沦为一盘散沙。

02 第二章

一盘散沙无法带来高业绩

并不是人多就可以称为"团队"

在这个瞬息万变的时代，一个人力挽狂澜的传奇故事已经很难在这个时代续写，个人英雄主义早已不复存在。

中国互联网中的"战斗狂人"——周鸿祎带着奇虎一路披荆斩棘，在美国纽约证券所上市，市值已过百亿美元；中国零售业的"创业神话"——马云领着阿里过五关斩六将，在美国纽约证券所挂牌上市，创下全球范围内规模最大的IPO交易之一。

他们用一场场势如破竹的"战役"，打造了属于他们的宏伟王国。而他们之所以成为让人难以望其项背的存在，得益于他们背后锋利无比的团队。

在21世纪的今天，团队越来越被管理者所重视。那么，究竟什么才是真正的团队呢？

美国著名管理学家斯蒂芬·P·罗宾斯认为，团队就是由两个或者两个以上的，相互作用相互依赖的个体，为了特定目标而按照一定规则结合在一起的组织。

但是，团队绝不是人群的机械组合，也不是一群人坐在办公室中聊天八卦，这样的组合只能称之为"人群"。马云曾说过："不要让你的同事为你干活，而让我们的同事为我们的目标干活,共同努力,团结在一个共同的目标下面,就要比团结在你一个企业家底下容易得多。所以首先要说服大家认同共同的理想,而不是让大家来为你干活。"

团队,是每一个人都有着相同的目标和使命,并为之共同努力奋进。他们有着"人心齐,泰山移"的信念,从而实现了1+1>2的结果。

美国加利福尼亚大学的一位学者曾经做过这样的一个实验:将6只猴子随机分成三组,每组2只猴子。然后将三组猴子分别关在三间空房子里,每个房间里都有一定量的食物,三间房子唯一的不同之处就是食物放置的地方不同:第一个房间的食物就放在地上,第二个房间的食物则是悬挂在了房顶上面,第三个房间的食物分别从高到低放置在不同的位置上。

几天之后,学者发现第一个房间里的一只猴子已经死了,而另一只猴子的耳朵和腿都已经被咬了下来,躺在地上奄奄一息;第二个房间的猴子全部都死了;只有第三个房间里的猴子还和最开始那样活蹦乱跳。

这是怎么回事?学者从三个房间的监控里找到了答案。第一个房间的猴子进门之后,便看见了地上的食物,两只猴子为了争夺食物大打出手,最后两败俱伤。第二个房间的猴子进门之后都开始各凭本能,不断向上蹦跳,但始终无法取得食物,最后只能守着食物活活饿死。而第三个房间的猴子在最开始的时候也是凭借着自己的本能蹦跳取食,但随着食物高度的不断增加,两只猴子都无法再得到食物。于是,一只猴子托着另一只猴子来取食。在这样的协作之下,第三个房间的猴子每天都能获得食物,并且活了下来。

团队不以人数来定义，而是以人心来定义。正如德国人所信奉的20大人生哲理之一：一个人的努力，是加法效应；一个团队的努力，是乘法效应。团队的真正意义是可以让1+1＞2，从而实现团队的高效运转。只有团队才能拥有高效的执行力和协作能力，也只有团队才能打造出一流的战斗力。

一个真正的团队成员不会计较个人得失，对共同的目标总是抱有持之以恒的决心。遇到挑战时，团队成员会齐头并进；遇到机遇时，团队成员会牢牢握紧。那么，作为管理者应该如何打造出一支真正意义上的团队呢？

第一，一个真正的团队必然有一位出色的管理者。管理者，是成员的上司，也是老师；是成员的同事，也是朋友。管理者会在士气低迷的时候鼓舞士气，在士气高涨的时候带领成员一往无前。

一方面，管理者需要指导成员，为他们指引当下，描绘未来，让团队成员在共同的期许和统一的目标下携手共进；另一方面，管理者需要激励成员，无论是物质上还是精神上。最后，管理者需要以德服人，以正直宽厚的品质去感染他人，感动他人。

第二，一个真正的团队必然有一个完善的团队制度。团队中不仅需要成员，更需要有留住成员的制度。不论是从晋升渠道、职业规划，还是薪酬绩效、激励体系，都必须在制度上有所体现。

留住成员需要制度，但管理成员更需要制度。正所谓"没有规矩，不成方圆"，只有在令行禁止的制度下，团队才能拥有高效的执行力。

第三，一个真正的团队必然有一个凝聚人心的团队精神。精神是成员内心的驱动力，也是战胜一切困难的精神支柱。谷歌的民主、自由与精英；万达的勤学敬业、志在必得；三一集团的自强不息、产业报国，都让他们将生存发展和精神追求相结合，形成相互促进的良性循环，从而形成团队的凝聚力和向心力。

一滴水漂不起纸片，大海上能航行轮船和军舰；一棵孤树不顶用，一片树林挡狂风。这就是团队精神重要性力量的直观表现。一滴水只有放进大海里才永远不会干涸，一个人只有当他把自己和集体事业融合在一起的时候才能最有力量。在此基础上形成的团队，便是成功的团队。

管理不狠，团队不稳

不自律、太小气，这样的管理者做不长

古语有云"善为人者能自为，善治人者能自治"。一个团队能否在竞争大潮中脱颖而出，关键在于管理者是否具有自律意识。古语亦有云："宠辱不惊，看庭前花开花落；去留无意，望天上云卷云舒"。一个团队能否在市场行业中崭露头角，关键在于管理者是否能克己复礼。

为什么有的管理者让人心服口服，而有的管理者则是不孚众望？为什么同样身处管理者职位，却有着这样大的差距呢？

创新工场CEO李开复曾说过："千万不要放纵自己，给自己找借口。对自己严格一点儿，时间长了，自律便成为一种习惯，一种生活方式，你的人格和智慧也因此变得更加完美。"我国当代作家王小波说："人一切的痛苦，本质上都是对自己无能的愤怒。而自律，恰恰是解决人生痛苦的根本途径。"泰迪·罗斯福也说："有了自律能力，没有什么事情是你做不到的。"

柳传志一手创办的联想一直被人津津乐道，而柳传志在科技圈也是泰山般的存在，他的自律更是让人印象深刻。柳传志的自律体现在生活中的各个方面，最基本的一点自律体现便是永远都不会迟到。柳传志不管参加什么会议，都会提前半小时到达会

场，然后在车里做好准备，保证不会出现什么纰漏，最后提前10分钟进入会场。

有一次，柳传志受邀到温州一家企业参加会议。但让所有人没有想到的是，当日温州突降暴雨，柳传志的飞机无奈半夜迫降上海。

当时所有人都在劝柳传志第二天早上再起飞温州，但是柳传志拒绝了这个建议，他让人找来了一辆车，冒着暴雨连夜前往温州，终于在第二天早上6点到达目的地。

如果说提前半小时到达会场不足以说明柳传志的自律，那么在30年中，他参加的会议几乎都是提前半小时到场呢？30年中，柳传志参加的大小会议无数，但是他迟到的次数不超过10次。这是否可以充分说明，柳传志对时间上的自律呢？

此外，柳传志不仅要求自己自律，更是要求周围的朋友自律。有一个故事一直被人津津乐道。有一次，柳传志和一群企业界朋友相约去度假，并提前向众人说如果有人迟到，不管是谁，他在当天都不会给那个人说一句话。但当天真有一个人因为一些原因迟到了，柳传志便当着所有人的面告诉那个朋友，今天请你不要和我说话。柳传志话音刚落，当时车里的人都傻眼了。从那之后，只要有柳传志的地方，就很少会有人迟到。

柳传志用自己的自律告诉所有人：我，可信；我的公司，靠谱。而联想的成功一方面是因为它优秀的产品，另一方面则是柳传志的自律与严格。

成功的企业必定有一个自律的管理者。很多管理者认为，能够严格要求成员的人才是具有管理力的管理者。但实际上，只有能先严格要求自己的管理者才是真正具有管理力的管理者。

美国联合院校领导能力研究领域教授詹姆斯·菲舍尔,在其《权力没有过错——用权力实现有价值的目的》一书中,提出了"只有自律的人才能得到权利和幸福"的观点。书中这样写道:"没有自律,你只能做出很少的成绩,很难真正地做好任何事情;没有自律,我对你讲的所有事情,就只会比鸡尾酒会谈话和最近读的书多起一点作用。自律是成功完成大部分有价值事情的基础。"

那么,管理者想要做到自律,如何将自律与大度与自身相融入呢?

想要做到自律,管理者必须做到以下两点。

第一,有好的身体和精神状态。一个自律者绝不会追求舒适,也不会一味地待在舒适圈中。他们会时常补充精神食粮,不断从书中学习更多的专业知识和管理知识,他们也会抽出一些时间去锻炼身体。

之前,王健林的一日作息表刷爆朋友圈:凌晨4点起床,4点15分~5点健身,5点~5点30分吃早餐,5点45分~6点30分前往机场,7点~12点15分雅加达飞海口,12点20分~12点45分到达海南迎宾馆,12点45分13点海南上级会见,13点~13点20分海南万达城项目签约仪式,13点20分~14点10分吃便餐,14点10分~15点前往机场,15点~19点10分海口飞北京,19点30分~20点10分到达办公室……

这一作息表的出现让无数人惊讶不已,为什么万达公司可以在房地产市场中成为首屈一指的存在,其中一个原因想必就是作为管理者的王健林的自律吧。一个管理者尚且如此勤奋，企业成员又怎么甘心成为碌碌无为，得过且过的人呢？

曾国藩说过，"天下古今之庸人，皆以一'惰'字致败。"管理者往往有着极高权利，如果管理者缺少了自律，团队将会一路走下坡路。因此，管理者必须要勤劳自律。

第二，吾日三省吾身。早在千年之前，孔子就在《论语》中写道："吾日三省吾身：为人谋而不忠乎？与朋友交而不信乎？传不习乎？"即使时到今日，这句话仍然对管理者有着巨大的指导意义。反省自己每日是否对团队尽心尽力，是否对成员足够坦诚，是否将新学习的管理知识运用到团队管理之中。

想要自律，必先自省。管理者只有在自省反思之后，才能对自己存在的缺点予以改进。

自律，往往是普通人士成功的重要原因之一，也是管理者成功与否的原因。青岛海尔集团CEO张瑞敏在接手海尔30多年的时间里几经风雨，终于让海尔从一个亏空147万元的集体小厂，发展成为中国家电领先品牌。

除了自律，管理者必须不能太"小气"，否则会让成员在团队中感到"窒息"，成员也会在这种氛围下逐渐失去归属感，成为"身在曹营心在汉"的存在。

管理者想要做到大度也需做到以下两点。

第一，不要抓住成员的错处不放。"金无足赤，人无完人。"有时候，管理者会在成员犯错的时候严词批评。如果管理者紧抓成员的错处不放，不仅会打击成员的积极性，还会让成员产生抵触情绪。

在对待成员的错误上,管理者要学会利用激励法或是幽默式的批评方式,让员工以最积极的心态去对待自己所犯的错误。所以,想要成为一个真正的管理者就必须让自己宽以待人,而不是严以律人。

第二,给成员一些试错的机会。犯过错之后,一般就能知道如何做到更好。如果始终不敢放手让成员去试错,这既会让成员安于现状,更会让团队故步自封。

都说胆小的做不了将军,同样,胆小的也做不了管理者。如果管理者不敢放手让成员去尝试,那么不仅这个管理者做不长久,这个团队也会时刻处于轰然倒塌的危险境地。

自律和大度,两个看似很简单的词语,但想要真正做到却是十分不易。管理者应该时刻告诫自己:作为一个人,要自律,要有气度;作为一个管理者,更要比一般人自律,更要能"宰相肚里能撑船",只有这样,这个管理者才能让员工信服,才能一直稳坐团队的管理层。除此之外,管理者还要时刻提醒自己:宁可累,也要自律;宁可试错,也要大度。

没有执行力，一切都是空谈

满街的咖啡馆，星巴克独领风骚；同在PC领域，联想名列前茅；一样的电商行业，阿里巴巴公司却能在众多电商中脱颖而出。为什么同样的行业领域内，不同的企业却有着如此巨大的差距呢？除去企业战略因素外，企业员工的执行力是拉开距离的重要推动力之一。

阿里巴巴公司的创始人马云和软银创始人孙正义探讨成功时，曾不约而同地认为："一流的点子加上三流的执行力"远不如"三流的点子加上一流的执行力"。巨人集团董事长史玉柱也认为："谁的执行力强，谁的地位就高，而不是谁出了好点子，谁就厉害。"

杰瑞和约翰同时进入一家公司工作。但是3个月之后，杰瑞青云直上，成为了部门主管，而约翰却还在原地踏步，依旧是个小职员。约翰不明白为什么公司老板如此厚此薄彼，所以他敲开了老板的办公室询问原因。

老板听完约翰的话之后，并没有立刻解释原因，而是对约翰说道："你去市场上看一下，现在有没有卖土豆的。"过了一会儿，约翰回来汇报："只有一个农民拉了一车土豆在卖。"

管理不狠，团队不稳

"大概有多少斤？"老板问道。

约翰只好再一次回到市场上去问，接着返回办公室回答："大概有100斤。"

"每斤多少钱？"老板继续问。

约翰无言以对，嗫嚅道："您刚才没有让我问价格呀。"

老板听完之后，便让他在一边等待，同时将杰瑞叫进了办公室："你去市场上看一下，现在有没有卖土豆的。"

过了一会儿，杰瑞回来了，向老板汇报："今天市场上只有一个农民在卖土豆，大概有100斤左右，每斤价格1.25元，如果我们批发的话，可以按每斤1元买进。按照我们以往的销量来计算的话，我们差不多一星期左右就可以全部卖完实现盈利。"

杰瑞和约翰都在执行老板的任务，但杰瑞是具备执行力的人，约翰却不是。这就是两人逐渐拉开距离的原因。

如果团队成员都像约翰一样执行任务，整个团队的执行力就会降低，而且所有的计划和制度都将化为空谈。久而久之，整个团队将逐步走向失败。

有一家企业因为经营不善濒临破产，随后被一家海外公司收购。当众人以为海外公司要对破产公司实施新的管理办法时，海外公司却决定继续聘用之前的员工，制度也没有更改，唯一做出的改变就是要求所有员工必须按照之前的制度严格执行。出乎意料的是，短短一年之后，这家曾经濒临破产的公司开始转亏为盈。

没有失败的战略，只有低效的执行力。执行力是将计划和决策转化为结果的有效途径。无论是对员工，还是对团队来说，执行力是决定成败的关键。如果一个团队没有执行力,这个团队将会分崩瓦解。

管理者是否发现,团队成员自认为很努力,但是始终得不到想要的结果;永远都有干不完的工作,总是觉得时间不够用;感觉工作乏味,毫无激情;有执行,却丝毫没有效果,即没有执行力。

执行并不等于执行力。想让团队具备高效的执行力,管理者必须培养团队的整体执行力。

第一,要有合理的流程。在团队中很容易出现这样的情况:明明将任务安排了下去,但是过了一段时间之后,当管理者再去询问任务进度时,却被告知任务还未开始执行。这种现象恰恰是团队执行力低下的表现。

管理者想要改变团队的这种情况,必须要从"靠管理者推进工作"变为"靠流程管理工作"。而这一转变分为两个方面:一方面是将主要任务目标下达给员工,并制订一个详细的项目实施流程;另一方面是将每个流程的完成时间标明,并保证每个项目在执行的时候信息互通。

第二,要有细致的计划。一项任务仅有目标是无法完成的。目标只是一个前进的方向,而如何完美地达成目标,才是最终目的。由于每个团队成员的理解能力不尽相同,这也会导致在执行环节出现偏差。

因此,为了避免这种情况的出现,管理者需要制订一个有效的计划方案,这样才能使团队成员按照计划高效地完成所分配的任务。同时,作为一名管理者,应该将所有任务都做出明确的书面方案，这样才能最大程度上保障员工的执行情况。

第三，要有极快的速度。EDS创始人罗斯·佩罗曾经说过："我们成功的秘诀就是：预备、发射、瞄准。"听到这句话之后，有人惊讶地问道："难道你们不先瞄准？"罗斯·佩罗笑着回答说："哪有时间先瞄准？我们都是一边打一边瞄准……"

在这个追求高效率的时代，只有做到"快"才能成为成功者。商场如战场，兵贵神速，成功的团队总是比其他团队更快一步。所以，管理者需要以身作则，在保证效率的同时带领团队以最快的速度完成任务。

第四，要有到位的监督。有这样一句话："员工不一定会做管理者安排的事，但一定会做管理者检查的事。"换句话说，没有检查就没有执行力。如果只有制度，没有监督，那么，久而久之，制度就变成了虚设。一旦制度变成了虚设，员工的执行力便会随着监督的消失而日渐削弱。

法律上有关于交通的规定："红灯停，绿灯行"，但是很多时候，行人都不会时时刻刻遵守交通规则。当交警站在路口的时候，反而会最大限度地杜绝行人乱闯红灯行为的发生。团队亦是如此，只有进行到位的监督，团队才能拥有高效的执行力。

王健林在"中欧国际工商学院20周年校庆大师课堂"上说道："万达的发展速度已经成为一个神话，特别值得一提的是万达超强的执行力。万达的执行力是靠制度、文化、严格的奖惩以及科技手段才锻炼出来的，不敢说在全世界，至少在中国是第一的执行力。"

三分战略，七分执行。如果一个团队没有执行力，也就意味着它毫无竞争力。所以，管理者想要自己的团队走向成功，就需要提高团队的执行力。

管理不狠，团队不稳

关注的事情太多，反而什么都做不好

"我的团队成员没有接受过专业的培训，一些很简单的事情他们都做不好""每次分配下去的任务，等给他们讲清楚，我自己都快干完了"……诸如此类的话，想必是大多数管理者说过的。

"我们的项目每一个步骤都需要让上司签字，等他签完字给到我们手上的时候，已经耽误我们好几天的进度了""觉得上司就是不信任我们，什么事情他都要管"……这样的话，更是时常在团队成员的嘴里听到。

管理者埋怨成员不堪重任，成员抱怨管理者插手太多，这种情况司空见惯。管理者每天劳心劳力，希望自己可以把控好每一个环节，让团队少走一些弯路，难道这样做错了吗？

"我们的目标不是超越IAT，而是逐梦全球。"乐视集团的董事长贾跃亭的这句话曾经让乐视成为众人关注的焦点。但随着时间的推移和企业的发展，乐视从之前众人难以望其项背的"独角兽"，沦为了负债累累的企业。在短短四个交易日，乐视上市市值凭空蒸发128亿元。

乐视在创办之初，其服务方向和优酷、土豆等相似，均为视频平台，主要为用户提供在线视频节目。但在之后的发展过程中，乐视先是在2013年推出了第一台超级乐视电视；2015年进军智能手机市场；之后推出了乐视体育与乐视影业；直到2016年，乐视汽车的出现，成为了压垮乐视的最后一根稻草……

纵观乐视的发展史不难发现，乐视的失败是一个典型的企业多元化经营失败的案例。而与之相对的则是小米的发展现状。

小米在创立之初便将企业的重点放在了手机ROM（只读内存器）上，随后又推出了手机产品。在小米1到小米4问世期间，小米从未涉足其他领域。2014年、2015年，小米问鼎国内手机出货量第一，它的主力产品依旧是手机，从未轻易更换过。

当小米在手机行业挣得一席之地之后，陆续出产了小米路由器、小米空气净化器、小米电视等生态产品。随后，小米又涉及影视、娱乐行业，但却十分谨慎。在这种情况下，即使小米所投资的其他领域有所亏损，也无法动摇小米的根基。

这也就是乐视日薄西山，而小米蒸蒸日上的原因。这样看似一个浅显易懂的道理，却经常被人们所遗忘。企业的发展如此，管理者的管理更是如此。无数管理者都在忙碌的生活中变成了掰玉米的"猴子"。一直想要面面俱到，最终却只能四面楚歌。

他们既想检查每一个成员的工作情况，又想让自己的管理尽善尽美，可是自己每天忙到精疲力尽，但团队的发展却是一团糟，业绩丝毫没有提升。

杰克·韦尔奇，曾担任通用电气集团CEO。他被誉为"美国当代最成功最伟大的企业家"，同时也被誉为"全球第一CEO"。

但正是这样一位优秀的管理者，在刚担任通用电气CEO时也曾因企业臃肿不堪和低效率而茫然无措。之后，韦尔奇便向美国管理大师彼得·德鲁克咨询。而德鲁克却只问了韦尔奇一个问题："如果现在让你投资这项业务，你是否愿意呢？"不可否认，在市场的发展变化中一些业务早已被人所遗弃。

从那天开始，韦尔奇便丢弃了那些他自己都不愿意投资的业务，只关注于领域中的顶尖业务，经过多年的努力，终于成就了通用电气集团如今的辉煌。

有时候，面面俱到看似可以帮助管理者更好地管理团队，但实际上，当管理者关注的事情太多，反而什么事都做不好。因为他们将自己的注意力和精力分散在每一件事情上，但却无法完全掌握好每一件事情，最后就只能徒劳无功。

管理者想要让自己在轻松的情况下还能带领团队前行，那就需要具备两项原则。

一是坚持"多想少干"的原则。微软公司前首席执行官兼总裁史蒂夫·鲍尔默曾说："有人告诉我他一周工作九十小时，我对他说，你完全错了，写下二十项每周至少让你忙碌九十小时的工作，仔细审视后，你将会发现其中至少有十项工作是没有意义的，或是可以请人代劳的。"

有时候，管理者最应该做的事情就是"关注于思考一件事"，思考如何提升团队效率，怎么提高团队业绩。而不是亲自带着团队成员埋头苦干。

二是学会区分"能做"和"该做"。大多数管理者总是喜欢身先士卒，冲锋陷阵，但这种想法是错误的，因为管理者的工作内容是计划、组织、控制和指挥。因此，管理者要学会区分"能做的事情"和"该做的事情"。"能做的事情"要交给团队成员去做，"该做的事情"才是管理者自己需要做的。抢了成员的活，而忽略了自己的任务，最后只能一无所获。

古人有云："得人之力者无敌于天下也，得人之智者无畏于圣人也。"也就是说，当得到众人的助力，你的成就凌驾在众人之上；当得到众人的想法与意见，你的智慧也就不亚于圣人了。作为管理者，已经得到了成员的助力和智慧，如果在拥有如此好的先天条件下，应该带领成员乘风破浪，一往无前。

管理不狠，团队不稳

限制团队进步的五大错误

一个看似和谐的团队，一个拥有无数精英的团队，却为什么就是干不出一个令人满意的业绩呢？团队成员彼此认识，相互了解，也深知对方的优缺点，但不论团队怎么发展，都始终发展缓慢，甚至是停滞不前？

这些看似优势的东西，能够成为推动团队快速发展的助力因素，但也可能成为限制团队进步的"绊脚石"。在团队的发展过程中，有五大错误认知限制团队进步。

一是惧怕成员间的冲突。团队成员之间产生冲突是很常见的事情。但是有的管理者却十分惧怕这种情况的出现，在他们的眼中，如果成员之间产生了冲突就代表团队产生了裂缝。因此，管理者无时无刻不在规避成员之间产生冲突。

但实际上，成员之间的冲突真的会导致团队内部不和谐吗？不管是多么优秀的团队，在团队的发展过程中，总会有观点的碰撞，不同的想法。事实上，正是因为有这些观点和想法的冲突与碰撞，团队才能更好地改进和优化。

所以，管理者应该要在团队中建立良性的冲突。而管理者首先要做的就是在团队之间建立信任。然后在信任的基础和氛围中

第二章 一盘散沙无法带来高业绩

让成员畅所欲言，而不是让成员将自己真实的想法埋藏起来。

二是忽视成员的成功。通常，当成员没有完成任务的时候，管理者都是对他们心生不满，告诉他们："你们这次的任务完成得很失败。"但是当成员提前且出色地完成任务的时候，很多管理者往往会选择视而不见，他们认为这些都是团队成员应该做的。

一个团队的研究人员，在实验室里待了两个星期，终于攻克了一项技术难题。但当这位研究成员想要和别人分享这个成功的喜悦时，却发现已经是晚上十点钟了，整个公司一片漆黑，只有经理的办公室中还亮着灯。

虽然觉得去经理办公室分享这个消息并不合适，但研究人员还是满怀激动地敲开了办公室的门。当得到进入办公室的许可时，研究人员发现经理正和妻子打电话，他忽然间觉得无所适从。研究人员刚想出去的时候，经理却问："有什么问题吗？"

研究人员尴尬地说自己的那个项目完成了。

得知了这个消息的经理，很激动地对妻子说道："你看，我们的团队成员完成了最难攻克的技术难题。你带一些宵夜过来，我们要一起庆祝一下！"庆祝完之后，这位研究人员感受到了从未有过的满足感。

一个聪明的管理者，不论何时何地，当知道成员取得了成功之后都会对他们进行赞美和表扬，不管这个成功是大还是小，他们都始终引以为傲。这样的激励不仅可以激发员工的积极性，还可以让员工感受到团队的温暖。

三是逃避应负的责任。如果团队之中有成员为了不承担后果，就逃避原本应负的责任，长此以往就会拖垮团队的生产力，也会让团队人心涣散。一个成员不愿意承担责任，那么，在这种负面影响下，谁又愿意去承担责任呢？管理者最应该做的就是激发每一个成员的责任感，不断强调他们的梦想和团队的愿景，让他们自发地学会承担。

一些员工逃避应负的责任是因为他们自身有一种无力感。他们认为成功和失败都不是由自己所掌握的，他们根本无法凭借一己之力去改变结果。对于这种员工，管理者应该帮助他们建立自信，克服心理障碍。

四是对低效视而不见。具有极高竞争力的团队必然是高效的。而团队的高效是来自于每一个成员的高效。当团队成员的效率降低时，团队的效率也会随之降低。所以，管理者必须要保障每一个成员的效率，而不是对成员的低效视而不见。

曾经有一个富豪打算重新翻盖自己的房子，他找了8个建筑工过来。在工作的第一天，这8个建筑工人有一个人懒懒散散的，对工作并不上心，富豪看见之后没有批评他，也没有放在心上。但是几天之后，富豪发现原本懒懒散散的一个人变成了三个人。但即使这样，富豪想着还有5个人给我干活，就没太在意。

但是两个月过去了，本应该翻盖完成的房子，却只完成了一半，8个建筑工人都聚在一起聊天，打扑克。这个时候的富豪终于发现，当有一个人不干活的时候，剩下的人也会被他传染，成为低效的团队。

当团队有一个成员的效率开始变低的时候，如果管理者视而不见，任其发展，那么，低效的风气就会逐渐在团队中扩散开来。所以，管理者必须要重视每一个成员的效率，绝不能姑息成员的低效率。

五是拒绝倾听声音。很多管理者都希望通过下达命令来激励成员，同时也可以在团队中树立自己的威信。很少有管理者可以全心倾听成员内部的心声，他们认为在倾听的过程中会丧失自己在团队中的权威。

"为什么要学会倾听他们的声音呢？我下达命令，他们直接执行就好了，这样多高效。"这是一些管理人员经常说的话。可实际上，倾听并不是要听成员的每一句话，而是在倾听和沟通中了解他们的工作状况和需求，帮助成员避免在工作上的失误。

万豪国际酒店集团是全球首屈一指的国际酒店管理公司，在全球130个国家和地区有超过6500家酒店。万豪酒店创始人老马里奥特退位之后，便将酒店交给了儿子小马里奥特。和他的父亲一样，小马里奥特喜欢走动式管理，经常去旗下酒店巡视。

在一次巡视过程中，小马里奥特发现酒店的客人对酒店的女招待服务评分极低。知道这件事情之后，小马里奥特询问酒店的经理是否知道问题所在，而那位酒店经理只是摇了摇头。然后小马里奥特又去询问了那个女招待，经过一番沟通，原来是因为女招待的薪资待遇比市场标准低，她想提出涨薪要求，但是经理每天除了安排任务，就再也没有任何沟通。

所以，倾听成员的声音，是团队发展中不可缺少的关键一环。在倾听的过程中，管理者可以更加深入清晰地认识自己的团队，找出自己团队发展的问题所在，甚至可以在倾听的过程中，找到一个更加可行的发展方案或想法。

❗管理不狠,团队不稳

招揽一群有能力的成员简单,但建立一支高效的团队却十分困难。如果管理者想要化繁为简,就需要根据限制团队发展的五大错误,作出合理的方案和对策,以此来推动团队的快速发展。

03 第三章

高效团队就像狼群，一呼百应

! 管理不狠，团队不稳

看！狼群是这样捕食的

黄昏时分，残阳似血，万物寂静。随着夜空的再次降临，白天人来人往的街道归于沉寂，但是森林中的猎杀才刚刚开始。

一条溪流的旁边，有一头棕黄色的狮子在河边喝水，同时竖起双耳用心聆听周围的一切。但它不知道的是，不远处正有一双眼睛盯着它的一举一动。原来一只灰狼已经在这里蛰伏了很长时间，因为它的任务就是寻找和侦查猎物。

灰狼看着这只肥美的狮子已经垂涎欲滴，但它知道自己不能独自行动。因为一旦失败，整个狼群的晚餐就会泡汤，所以，它现在唯一能做的就是将这个信息传递到狼群。

如何传递给狼群呢？仰头嚎叫绝对不可以，因为狮子将会闻声逃脱；回去汇报，狮子也有可能逃跑。

究竟怎么办呢？灰狼想到了一个好办法——将自己的味道传递回去。于是，灰狼在草边留下了一摊唾液。晚风袭来，灰狼唾液的味道就带到了狼窝中。

众所周知，狼的嗅觉灵敏度是家犬的10倍，是人类的100倍，这是因为狼的鼻子中含有两个嗅神经细胞，能检测出极微弱的气味信息的来源方向和气味的留存时间。远在狼窝的狼群闻到了灰狼的唾液味道之后,便告诉了狼王。

确认了方向之后,狼群知道它们今晚的狩猎行动马上就要开始了。一只独眼狼被狼王留在狼群里照看小狼,狼王带着三只狼以最快的速度奔向目标。

虽然以五对一,在数量上狼群有着绝对的优势,但是也不能保证狮子不会以极快的速度逃跑,因此狼王决定智取。狼王首先问清楚灰狼狮子的来处,灰狼回答道:"它是从后面的枯草丛钻出来的。"思忖片刻之后,狼王迅速做出决定:"灰狼先去后面的枯草丛中潜伏起来,狼王和另外一只狼则从溪边的左侧进攻,其余两只狼从溪边的右侧进攻。

"嗷呜——嗷呜——"狼王看到每只狼都进入了战斗位置,立马发出了战斗的声音。

狼,虽然没有老虎强壮的体型,也没有猎豹的速度,但是它们依然可以成为吞噬狮子的狩猎者。为什么?因为狼群从来都不是单独行动。

在很多人眼里狼群是自然界中最团结的动物,而且隐藏着人类团体做大做强的秘诀。只要管理者可以领悟并学习狼群的生存法则,或许就能让团队更上一层楼。

狼群有着"野""残""贪"和"暴"的特性,虽然这些词语略带贬义,但在人类团体中赋予了全新的诠释。

"野"是指在工作中奋力前行的拼搏精神;"残"是指在工作中面对遇到的每一个问题,毫不留情地将它们消灭掉;"贪"是指始终对工作保持着无休无止的追求;"暴"则是指处于工作逆境时要"残暴"地对待每一个难关,不能怀有"慈善"之心,得过且过。

狼性文化对团队究竟有着怎样的推动力呢?最为著名的例子便是华为技术有限公司。2016年8月全国工商联发布"2016中国民营企业500强"榜单,华为以3950.09亿元的年营业收入荣登500强榜首;2018年《中国500最具价值品牌》华为居第六位。

华为可以说是中国企业的典范,也是无数企业难以望其项背的存在。在30多年的发展历程中,华为正是凭借狼性文化,从本土发展到全球,从毫不起眼的民营企业发展到国际化品牌。狼性文化在华为发展过程中展示了非凡的力量。

狼群般的团队有着怎样的特点?狼性文化又对团队有着怎样的重要性呢?

第一,专注目标,顽强执着。在自然界中,狼是最有韧性的动物之一,也是目标感最明确的动物之一。支撑狼生存的技巧就是将所有的精力都集中在猎物上,不擒获目标绝不罢休。

在适者生存的市场环境中,任何团队想要"存活"下来,都需要像狼群团队一般有着共同且明确的目标。而管理者自身最需要做的事情便是为团队树立一个共同且唯一的终极目标,不管是遭遇挫折、失败都绝不退缩,带领团队勇往直前。

第二,彼此信任,互相忠诚。眺望自然界,不管是狼群团队,还是蚂蚁团队,它们即使在面临生死的时候依然信任自己的伙伴,这种信任是它们突破难关的重要原因之一。它们总是将自己的一切奉献给自己的团队,对自己的队友也是有求必应,尽心尽力地帮助同伴。

一个人值得信任的唯一方法就是先信任别人。人类团队有时候往往是因为不信任、不忠诚才导致失败。信任与忠诚是相互的，只有管理者相信成员，成员才能回以信任。如果管理者从内心不信任成员，那么，这个团队一定是一个不堪一击的团队。

第三，组织严密，纪律严明。狼是群居动物中最有秩序和纪律的族群，永远都听从狼王的指挥。正是基于狼群的服从，它们才能拥有不可估量的战斗力。

正所谓"没有规矩，不成方圆"。如果一个团队没有相应的规章制度，久而久之，这个团队就会成为一盘散沙。虽然团队需要一些人情味，但更需要制度。所以，这便要求管理者制订合理的制度，并严格执行奖惩制度，为团队带上"金箍"，实现员工的高效服从。

管理者需要狼性文化，团队更需要狼性文化。狼性文化可以更好地推动团队的快速发展，也可以在团队的发展中让成员之间更具凝聚力。

管理不狠，团队不稳

分工明确的团队才最完美

随着时代的发展和市场的变化，单一的管理方式已经无法成为团队扬帆起航、破浪前行的东风，反而是前行的最大阻碍。

对管理者来说，只有把握每个团队成员的长处，对团队成员进行更明确的分工，才能发挥员工最大的潜能。

广为流传的分工明确的团队当属唐僧团队了，这个团队可以说是一个从未失败过的团队。谈到唐僧团队，无数管理者都将其认为是优秀的典范，其中最为津津乐道的就是他们明确的分工，能力与性格上的有效互补。

唐僧，在很多人眼中是优柔寡断的人，但实际上他却是整个团队中的精神支柱。唐僧品性坚韧、目标坚定，在任何情况下都能始终恪守自己的原则。在团队中，唐僧是"德者居上"。

孙悟空，是唐僧团队中的核心成员。在团队中他有自己的想法，知恩图报，也有着高效的执行力。孙悟空是团队中的骨干成员，是"能者居前"。

猪八戒，在大家眼中是好吃懒做的代表，但实际上他也是团队中的业务成员。猪八戒善于处理人际关系，心态好，是团队中的润滑剂。在团队中，猪八戒是"智者居侧"。

沙悟净，是大家眼中吃苦耐劳的代表。在团队中他任劳任怨、忠心不二、尽心尽职，是最踏实的员工。在团队中，沙悟净是"劳者居下"。

白龙马，是团队中最不起眼的成员，但也是最不可或缺的存在。他有着甘愿牺牲自我服务上司的精神，是团队中忠实的追随者。

孙悟空去前面探路，猪八戒化斋打水，沙悟净看护行李保护唐僧，白龙马负责解决交通问题。由此不难看出，唐僧团队有着明确的分工定位，根据每个人的特长给他们分配任务，团队成员之间相互配合，这是保证取经成功的根本所在。

试想一下，如果让唐僧去干沙悟净的工作，让孙悟空去干唐僧的工作，让猪八戒去干孙悟空的工作……那么，这个团队将会寸步难行。团队中的每个人都有不同的特点，管理者需要为不同的团队成员安排合适的职位，才能使团队成员发挥最大的潜能，使团队拥有最大的合力。

在团队中，管理者会发现有四种不同类型的成员，只有了解他们不同的性格和能力，才能给他们最合适的工作，也才能保证团队中分工明确。

第一对：进取型——保守型。进取型成员对未知事物总是抱着极大的兴趣，给他们一点挑战，他们便会大刀阔斧地完成任务。所以，对进取型的员工，管理者要分配给他们一些有挑战性和创新性的任务，比如产品研发或技术开发等创新型工作。

保守型成员总是乐于安于现状，不敢贸然前进。给他们一些日常的普通工作，他们总是可以很好地完成。对保守型的员工，

管理不狠，团队不稳

管理者要分配给他们一些不需要创新的工作，比如产品维护等日常工作。

所以，管理者在分配工作的时候，要先判断该项工作是什么类型，然后再将工作分配给合适的成员。

第二对：挑剔型——匹配型。在面对两件事情的时候，挑剔型成员喜欢寻找它们的不同之处，而匹配型成员则是寻找它们之间的相同或是相似之处。

所以，管理者在分配任务的时候，如果需要成员完成协调性很强的工作，匹配型成员便是最佳选择，比如整理和辅助等工作。当管理者需要一个成员做完善任务的时候，比如项目诊断和任务纠错等工作，那么，挑剔型成员无疑是最佳选择，他们往往能找到问题，并及时改进。

根据不同类型的员工需要进行分类管理。将合适的人放到合适的位置上，即使平庸的人也能成为团队中的中流砥柱。

万科企业股份有限公司的创始人王石，可以说是深谙用人之道。在万科走过多年的风雨之后，王石将万科交给了一个在万科工作了14年，但从未做过房地产项目的人——郁亮。很多人都不明白王石为什么选择郁亮作为万科的接班人。

王石却有着自己独特的见解。他认为万科已经步入平稳期，这时候它所需要的是一个可以贯彻万科精神，并善于协调各方资源的管理者，而非一个开疆辟土的开拓者。而郁亮恰恰正是前者。

在万科庞大的团队中，有一个名叫丁福源的管理者，他主要负责人事管理，经过一段时间的观察，王石发现他思想上有些保守，但不计私利，为人和气，善于调节矛盾。慎重思考之后，王石将丁福源调到了现在的职位上——监事会监事。调岗之后，丁福源和王石配合得越发默契。

虽然王石已经退居幕后，但是他一手打造的团队却始终推动着万科高效前进。

管理者需要根据团队成员的实际情况，将他们放到合适的位置上。只有当团队成员起到了作用，才能展示团队的能力。

管理不狠，团队不稳

影响力指的是激励，而非"暴力"

作为企业管理者，你是否发现，在团队中员工会因为工作方法的不同而产生争议，会因为对变革措施的不满而消极怠工，也会因为无法准确理解上司的信息而消耗时间与精力……当遇到这些难题时，你是应该利用权利去强迫员工，还是应该用自身的魅力去影响他们？

为了更好地发展，某公司高薪聘请了一位向来以精明果断所闻名的CEO。CEO上任之后，开始了一系列大刀阔斧的改革：大量裁员，重新制定赏罚制度。经过一段时间之后，团队的业绩逐渐提升，本以为从此团队业绩会继续蒸蒸日上，渐入佳境。但是令所有人没有想到的是，团队在经过短暂的复苏期之后，再一次陷入了困境。

深度分析这个团队由衰转盛，再由盛转衰的原因，便会发现问题出在这位能干的CEO身上。他虽然精明果断，但也独断专行。只要团队成员犯了一丁点错误，他便会大发雷霆，然后遵循新制度严厉处罚。

久而久之，团队员工开始疏远这位CEO，除了工作中必要的交流之外，没有人会主动和他沟通。有的员工甚至害怕被训斥，不再汇报任何不好的消息，团队士气降到了低谷。

或许这位CEO认为运用自己的权力和规章制度来约束团队成员，便是影响力。但实际上真的如此吗？

影响力，是由两个方面组成的：一方面是权力性影响力，也就是源自于法律、职位和制度等方面，所以权力性影响力也被称之为强制性影响力；另一方面是非权力性影响力，源自于管理者的个人魅力，包括品格、才能、知识和情感等因素。

然而，很多管理者只重视权力性影响力，而忽略非权力性影响力。他们认为影响力便是权利与诸多制度所结合的"暴力"。但实际上，权力性影响力只会让员工被动服从，而且只是表面的、有限的、暂时的服从。

如果管理者具备的是非权力性影响力，将会对团队产生积极的影响。这是整个团队得以正常运作的前提条件，影响着团队的凝聚力，也会在一定程度上改变团队成员的行为。

相关数据显示，76%的管理者都无法让团队成员更加充满热情与激情地工作。由此可见，并不是一个人成为团队的管理者就可以对员工产生影响力。那么，影响力具体包含什么？

首先，是管理者可以通过认真负责的态度合理地运用权力；其次，在不同时间和环境下采取不同的激励方式；最后，通过一些活动方式在团队内部培养归属感，以此来激励员工。

刘备，从一个卖草席的落魄皇族，到关羽、张飞和诸葛亮等人追随的主公，再到成为三足鼎立之中的一大势力。很多人都不理解，刘备文不成武不就，为什么可以俘获众心？其实，刘备可以让诸多文韬武略的英雄齐聚麾下，凭借的不是以法治人，用

"暴力"去管理,而是"以德服人",用激励来管理下属。

史玉柱可以说是商界一抹亮丽的存在,他的创业史可谓是跌宕起伏。他曾从"神坛"之上跌落下来,又一点点积蓄力量再创辉煌。在史玉柱第二次创业初期,因为资金不足,无法给员工支付薪水。可即使是在这样的境况下,还是有无数员工始终与史玉柱共进退;无论外界如何误解他,员工们还是不曾离开史玉柱。正是依靠员工们的支持,史玉柱才逐渐走出困境。

当别人问起员工为什么不愿意离开的时候,员工的回答大同小异:"无论什么时候,你都能看到他身上的个人魅力和影响力,也能透过他看到胜利的希望。"

影响力可以吸引员工,并推动和引导员工完成任务。那么,管理者应该如何运用自己的影响力来激励员工呢?

第一,不要吝惜你的赞美。美国著名女企业家玛丽·凯曾说过:"世界上有两件东西比金钱更为人所需要——认可与赞美。"美国著名心理学家亚拉伯罕·马斯洛将人类需求从低到高分为五个阶段:生理需求、安全需求、社交需求、尊重需求和自我实现需求。

有时候,比起金钱和物质,认可和赞美更能让人感到满足。但是很多管理者都忽视了这一点,认为员工做得好是理所当然的,从来没有对他们的工作表示过肯定。其实有时候,无论是工作上的事情,还是待人接物方面,如果员工做得足够好,赞美一下也无可厚非。

当你赞美了员工之后,就会发现这位员工的积极性会被大大提升,并始终对自己的工作保持着热情。但需要注意的是,不要在赞美员工的同时附带条件或提高工作要求,否则,赞美将会失去其本身的意义。

第二,为每个员工提供合适的职位。世界上没有两片树叶是一模一样的,同样,世界上也没有两个人是一模一样的。正因如此,管理者需要对每个员工"对症下药",为他们寻找适合自己的岗位。一个员工如果可以找到合适的岗位,便能在自己擅长的领域创造更大的价值,为企业带来更多收益。

为员工提供了合适的岗位之后,管理需要进一步激发员工的潜在能力,并在适当的时候用不同的机会来锻炼员工,从而激发他们的创新和拼搏精神。

第三,信任是对员工最大的激励,也是最大的奖励。前苏联著名教育实践家和教育理论家苏霍姆林斯基说过:"对人的热情,对人的信任,形象点说,是爱抚、温存的翅膀赖以飞翔的空气。"

"这件事情你一定可以做好,所以放手去做吧!"如果管理者可以对员工说出这样的话,员工就会有一种担当重任的感觉。为了不让信任他们的管理者失望,为了证明自己的实力,员工会拼尽全力将任务做到尽善尽美。

第四,给员工自由发挥的空间。每个员工都希望自己可以有一次放开手脚大干一场的机会,但往往因为种种原因受到限制。其实,对于积极上进、渴望有所成就的员工来说,束手缚脚正是打击他们积极性的重要因素。

"自由"可以使工作具有高度灵活性。如果管理者可以在一定程度上给予他们一定的空间,那么,他们将会充分调动自身积极性，提高主动性。

　　一个优秀的管理者知道怎样激励员工，也知道怎样利用自己的影响力让员工兢兢业业去工作。所以，管理者的影响力是对员工的激励。

员工有归属感：这就是我的家

古语曾说："水能载舟，亦能覆舟。"一个国家如果想要长治久安，必须保障人民的衣食住行。同样，如果一个企业想要长久发展，必须要为员工提供生活保障，让员工在工作中感到幸福。

有资料显示，我国47%的在职人员有跳槽意向；22%的在职人员在驻足观望；只有31%的在职人员表示不会跳槽。导致将近一半左右的在职人员想要跳槽的原因不是薪资问题，而是他们无法在企业中找到归属感。

如果员工在企业中找不到归属感，即使所在的企业可以支付高额的薪资，他们也不会选择留下来。

那么，归属感究竟是什么？归属感，其实是员工在企业工作一段时间之后，不管是在思想上，还是在感情上，会对企业产生了认同感、安全感和价值感，最终都转变成员工归属感。员工归属感一旦形成，将会对自身产生极强的自我约束力和强烈的责任感，从而形成自我激励，最终为企业创造更高的经济效益。

一对新婚夫妻在新婚之夜，新娘忽然指着不远处对新郎说："你看，老鼠在吃你们家的大米。"第二天，新娘看到老鼠还在

管理不狠，团队不稳

那里偷吃，就直接抓起鞋子向老鼠扔了过去，并说道："你这不懂事的小精灵，竟敢来偷吃我们家的米。"

其实，这个看似不起眼的小故事，却隐含了一个道理：只有把自己当主人翁，才能更好地守护自己的家。同理可得，员工只有将企业当作自己真正的"家"，他们才会设身处地地为企业着想。换言之，员工的归属感可以使员工产生一种强烈的主人翁意识，投入更多的感情；同时也能增强企业凝聚力和员工忠诚度；最为重要的便是能激发员工潜能，使其自发提高业绩，最终形成一个良性循环。

当管理者可以为员工营造归属感的时候，员工也就可以为了企业的发展竭尽全力。"海底捞"的成功便是如此。

四川海底捞餐饮股份有限公司成立于1994年，是一家以川味火锅为主、融汇各地火锅特色为一体的火锅店。经过二十多年的艰苦创业，"海底捞"也从一个籍籍无名的小店，变成了一家家喻户晓的大型跨省直营餐饮品牌，甚至在海外创办了百余家直营连锁餐厅。

2008年～2012年，海底捞连续5年荣获"中国餐饮百强企业"和大众点评网"最受欢迎10佳火锅店"等荣誉称号。

2018年9月，海底捞在港交所正式上市。但是比起海底捞的上市，人们对其良好的服务态度更感兴趣，海底捞甚至还因为其良好的服务态度几度上了热搜：一个人去吃饭的时候，员工会在对面放一只毛毛熊陪伴用餐；服务员还会在消费者心情不好的时候，全程陪聊甚至讲笑话……用网友的话说就是："海底捞的服务就差帮忙付钱了。"

海底捞之所以能够将服务做到极致，并且形成自己最大的竞争力，究其原因正是源自于内部营销。

所谓"内部营销"，是指将员工当作消费者，通过满足员工的需求从而使他们热爱公司品牌，并且能够把热爱转化为实质行为——满足消费者需求，从而感动消费者。

基于海底捞的内部营销，海底捞对员工的衣食住行以及其他细节都非常注重。在"衣"上，海底捞的服装都十分精致，一套工装的价格通常在100～200元之间，聘请当地最好的裁缝，按照时装画报上的款式为员工量身定做，让员工在穿上工装的时候可以感受到快乐和荣誉感；在"食"上，海底捞聘请专门的人员为他们做饭；在"住"上，海底捞的员工宿舍并不是地下室，而是正规住宅，空调、暖气、电视、无线网络一应俱全，而且定期有专人打扫宿舍，可以说是达到了星级酒店的住宿水准；在"行"上，海底捞的员工宿舍离公司地点步行不会超过20分钟。此外，在冬季供暖之前，海底捞还会为员工分配暖气袋。

除了这些方面，海底捞还有一个规矩：任职一年以上的员工离职，公司必须给离职员工8万元的离职费，无论员工离职原因是什么。但是在海底捞的发展过程中，店长以上干部就有上百人，而仅有3个人拿走了离职费。

是什么让海底捞的员工始终不愿离开这家公司？是海底捞给予了他们"家"的感觉，给了他们强烈的归属感。而这种归属感让员工在工作上充满斗志，并以最认真负责的态度对待每一个消费者。

归属感，本身是一个虚无缥缈的存在，但它却在海底捞的发展过程中起到了至关重要的作用。试想一下，如果员工不热爱这个企业，他便会对工作毫无兴趣，对待客户自然也就只是敷衍了事。但如果员工对这个企业有了归属感，他将会激情四溢，对待客户也会尽心尽力。

那么对于管理者来说，该如何增强员工的归属感呢？

第一，增强员工的管理参与度。归属感在一定程度上会使员工产生一种"我是主人翁"的意识。同样的，"我是主人翁"意识一旦出现在员工的脑海中，也会让员工产生、加强其归属感。海底捞员工的强烈归属感正是从此而来。海底捞不仅可以为员工提供良好的"衣食住行"等条件，还赋予了员工在企业中的一定发言权。

想要产生和增强员工的归属感，管理者就需要让每一位员工都积极参与到企业的管理之中，适当赋予员工话语权与决策权，让他们在参与中激发"主人翁"意识，让他们与企业荣辱与共。

第二，建立和谐有效的沟通环境。通用电气CEO杰克·韦尔奇曾说过："沟通、沟通、再沟通。"对员工来说，可以通过内部沟通来讲明自己的意见，甚至是不满。在沟通中，员工可以释放自己的感情，同时满足自身的社交需求。所以，管理者需要在管理上为员工塑造一个公开、自由、诚实和开放的沟通氛围。

这既可以实现管理者与员工之间心与心的交流，还可以最大程度上避免员工与员工之间，员工与管理者之间产生误会和不满。在这一过程中，员工可以感受到被尊重、被重视，从而对企业产生信任感，加深对企业的归属感。

第三，做好企业的人文关怀。除了薪资与晋升机制，人文关怀也是增强员工归属感的重要方式之一。很多时候，员工留在一家企业的原因不是因为薪资高，而是因为这家企业可以给他们温暖。

想要做到这一点就需要管理者在生活中多给予员工一些关怀。比如，管理者可以在节假日发放一些小礼品，这些小礼物并不需要多么贵重，它只是表达出企业对员工的珍惜和注重。或者时常进行集体的活动，因为在那一瞬间，员工将会产生一种置身于大家庭的氛围之中的感觉，这种情况往往会迅速增强员工的归属感。

增强员工的归属感不是一蹴而就的，它是一个长期的、复杂的、动态的过程。所以，在这个过程中管理者需要伴随着企业的发展逐步为员工提供越来越好的工作环境和生活环境。

让员工佩服的管理者，必须有两把刷子

"我的上司什么都不会，还总是瞎指挥，简直就是一无是处……"

"我们主管的能力还不如我们这些员工呢，我们都怀疑他是不是走后门进来的……"

不论是在现实中，还是在网络上，员工发出的类似抱怨随处可闻。在无数员工眼中，一些管理者有时候等同于无能者。

不管这些评论是否客观，管理者都应该从中看清一个真相：如果团队管理者没有超乎常人的能力，那么，他将无法令众人信服，也无法带领团队前行。

管理团队是让很多管理者都头疼不已的事情。精明能干的管理者，在谈笑之间就可以让众人信服；一无所能的管理者，只能在成员的无视中黯然退场。

董明珠，一个不断书写传奇的女强人，为珠海格力电器股份有限公司做出了很大成绩。但正是这样一个让众人仰望的存在，在最初的时候，也只不过是一个连营销是什么都不知道的单亲妈妈。

当时，36岁的董明珠独自一人南下打工。在进入格力后不

久，便被主管派去了当时最艰苦的市场——安徽。但是在到达安徽之后，董明珠要做的第一件事不是寻找市场，而是解决遗留问题——追讨上一位业务员留下的42万元应收账款。

当时很多人都劝董明珠不要去追这笔欠款了，因为有无数的人都追讨失败了。董明珠在反复思考之后，还是选择了追讨欠款。她坚定地对众人说道："我是格力的员工，今天我接替他的位置，我就要对企业负责。"

就这样，董明珠每天不是在追讨欠款，就是在追讨欠款的路上。40天之后，董明珠竟然真的追讨回来了那笔"不可能追回来的"欠款。当时的总经理朱洪江听到这个消息后大吃一惊，并开始留心观察董明珠。

凭借这件事情，董明珠也成为了营销界的励志人物。

1992年，董明珠在安徽的个人年销售额就已达到1600万元，占格力年销售额的八分之一。随后，格力又将董明珠调到了毫无市场份额的南京。但是没想到，即使是在"一穷二白"的南京，董明珠依然"神话般"地签下了一张200万元的订单。短短一年之内，董明珠的个人销售额就高达3650万元。

1994年年底，董明珠被任命为格力经营部部长。之后，董明珠带领着格力连续11年夺得空调产销量、销售收入和市场占有率的冠军。而此时的董明珠早已是众人心中的"营销之神"。

至此，董明珠开始纵横商海，带领格力创造一个又一个财富传奇。

董明珠，一个柔弱的女子，却能够带领着格力数万人走向巅峰。凭借什么？是坚持不懈的毅力，还是精益求精的产品，抑或是令人赞叹的营销方式？不可否认，这些都是成功的关键，但董明珠的能力也是不可小觑的。

为什么无数营销高手都愿意追随董明珠？为什么无数产品经理都对董明珠心服口服？为什么无数策划天才都唯董明珠马首是瞻？正是因为董明珠的能力与魅力。

不管是独自一人追讨回来42万元的欠款，还是带领团队连续11年斩获无数荣誉……这一切的一切无不彰显着董明珠的能力与实力。

有时候，管理者无法令团队成员信服的最大原因就是没有两把"刷子"。

"为什么我的能力并不比成员差，可他们还是不服气呢？"你是否经常发出这样的疑问。其实这个问题的答案很简单：作为管理者的你，不是要做到比成员好一点，而是要比他们好很多。

如果管理者只是和成员的能力差不多，那么，成员就会觉得相同能力的人，为什么你是管理者，而他们却是员工？在这种心理作用下，团队成员最想做的一件事情就是和管理者一决高下。一旦所有团队成员出现了这样的想法，管理者将会形同虚设，没有人会听从指挥，服从命令。

在团队中，能力在一定程度上决定着地位。当管理者有着远超成员的能力时，他们才能正确认识到两者的差距，才会在差距中信服管理者，而不是挑战管理者。

1985年，乔布斯在和约翰·斯卡拉的争斗中失去了众人的支持，被赶出了苹果公司。之后乔布斯创立了NeXT公司，并收购了皮克斯动画工作室。

离开了苹果的乔布斯依然混得风生水起,而离开了乔布斯的苹果却是每况愈下,即使一连换了三位CEO也无力回天。万般无奈之下,董事会纷纷要求将乔布斯请回苹果。最后苹果以收购NeXT公司的方式,让乔布斯回归了。之后,苹果开启了属于自己的辉煌历史。

乔布斯为什么可以去而复返,即使曾经遭到众人叛离,也可以再次荣耀返场?正是因为他自身强大的能力。即使在管理方面有所纰漏,但不可否认,乔布斯的能力无人能及。

所以,管理者不仅要以"德"服人,更要有"两把刷子",可以做到以"能"服人。

第一把"刷子"——上有所为,下必效之。管理者的行为无时无刻不在影响着团队成员。柳传志曾制定了一条规定:上班迟到者,需要罚站半小时。但没想到,几天之后,柳传志因为电梯故障迟到了5分钟,于是身为管理者的他按照规定罚站半小时。看到柳传志的行为,联想的员工从此很少迟到了。

子曰:"其身正,不令而行;其身不正,虽令不从。"管理者想要员工严格遵守规章制度,就必须先从自身开始绝不违反;管理者想要员工拥有高效率,就必须要率先做出效率,干出成绩……

第二把"刷子"——学会批评,而非批判。在工作中员工有所疏漏是难免的,这个时候管理者自然要对员工进行批评。但是,批评之后的效果是不尽相同的。有些管理者的批评让员工知耻而后勇,但有些管理者的批评却让员工心生怨念。

在不同的场景,管理者需要运用不同的批评方式。对于工作上的疏漏，管理者可以在公众场合进行批评，不仅可以给其他员工起到一个警示作用，还可以让员工对该次所犯的错误印象深刻，在一定程度上激励员工。

但是在批评的时候，管理者要注意自己的方式，绝不能以激烈的言辞去辱骂员工，比如"你连这点小事都干不好，还能干什么""你说你就这点能力，还留在公司干什么"……这种语言不仅不会对员工起到激励作用，反而会让员工更加消极。而用一种委婉或是激烈的批评方式才是最合适的，比如"我认为这次的工作并不能代表你真正的能力""我希望你下一次可以将你的全部能力发挥出来"……

管理者要学会让批评"软着陆"，让员工在批评中学习，在批评中成长。

管理者想要员工真心佩服，不仅需要能力出众，更需要学会与员工进行沟通。在能力方面，管理者要让员工产生崇拜；在交往过程，管理者要让员工感到温和。在此基础上，才能实现团队的高效运转。

04
第四章

团队中，人才是关键

管理不狠，团队不稳

真正的优秀管理者要做的事情就是"管人"

有多少管理者因为"身先士卒"的心理，不仅管人，更要管事，忙得脚不沾地，却管得一团糟；有的管理者不管事，只管人，却将团队管理得十分出色。

有一位管理者不仅管理团队的成员，也管理团队的每件事情。这个管理者是一个头脑灵活的人。每次有成员遇到困难找到他的时候，他都可以马上给出解决方案，并将所有细节都交代给成员。在这位管理者的带领下，整个团队的工作氛围很轻松，员工工作也都不怎么需要自己想办法，因为管理者总会在他们之前想出更好的解决方案。

时间长了，管理者发现自己需要管理的事情越来越多，但是团队的业绩却没有一个质的飞跃。为此，管理者头疼不已。后来，这位管理者发现自己的员工不论遇到什么问题都要过来询问他，这不仅让他疲于应对，更让成员丧失了独立的思考力。

针对这个情况，这位管理者终于明白了一个道理：直接将答案告诉成员，不如让他们自己去思考答案；去管管不完的事情，不如去管有限的成员。

想明白了这个道理之后，这位管理者终于下定决心，让成员自己思考问题，寻找答案，即使他们将事情搞砸了，也必须要让他们学会自己想办法。于是，再有成员来问管理者方法的时候，这位管理者都会说："我现在也想不出来什么好的办法。但是我相信你一定能将解决方法想出来，没准你的方法要比我想出来的好得多。你明天下班之前想出5个方法，我会从你的5个方法里挑出一个最好的方案。"

这样持续了一段时间之后，管理者发现团队的工作效率有所提升，团队成员有时候也会向自己提出一些很好的建议。这位管理者虽然从一个"忙人"变成了一个"闲人"，但是他所带领的团队却从之前的"低效"转变成现在的"高效"。

有时候，管理者管的事情越多，团队越不可能有业绩；只有管理者放弃管所有的事情，而是专注于管人，团队业绩才能以肉眼可见的速度增长。

诸葛亮一直被后人推崇备至，他的一句"鞠躬尽瘁，死而后已"更是流传千古。许多人将诸葛亮称为智者，可是诸葛亮并非一个很好的管理者。为什么呢？因为诸葛亮只是管事，而非管人。他的"鞠躬尽瘁，死而后已"并没有让蜀国成为最后的赢家，而成为三国之中最早灭亡的。蜀国灭亡不仅仅因为兵微将寡，还与诸葛亮将所有的事情都揽到自己身上有很大关系。

团队是由什么组成的，单从字上就能看出，团的主要成分是才，队的主要成分是人。所以对管理者来说，管团队就是管人。美国管理学大师彼得·德鲁克也曾经表达过这样一个观点：管理要先管人。团队中很多问题都是由人所引起的，当管理者解决了人的问题，团队的问题自然也就迎刃而解了。可是如果管理者一直不解决人的问题,而是一直去管事情,那么,问题就会越来越多。

管理者做到什么地步才能称得上是管人呢?

第一,用制度管人。这是老生常谈的一个话题,管人最基础的管理就是订制度。只有有制度,才能有管人的标准。管理者不要认为不制订规定,就可以让成员尽情表达自己的观点,团队就能更好沟通。

如果团队之中没有制度,这个团队管理就是散漫的。如果团队之中没有"不许迟到,违者罚款10元"这条制度,成员就会认为迟到没有关系,久而久之,成员就不会有人来按时上班了。因此,只有在那些"条条框框"的束缚下才能保证团队最基本的运作。

第二,用愿景管人。一个真正优秀的管理者不仅会用制度管人,更会用愿景管人。愿景有什么用?愿景可以让成员毫无怨言地拼搏,不仅是为自己拼搏,更是为了团队拼搏。如果管理者不能学会用愿景去管人,那么,这些成员就像是由一颗颗沙子组成的山堆,看着庞大坚不可摧,实际上一旦遭遇极小的风,就可能会让团队瞬间分崩离析。

当管理者能够通过愿景让自己的成员有着统一的思想和目标,那么,每一个成员都能爆发出极强的能动力,让团队的战斗力瞬间提升。

第三,用目标管人。意愿只是一种信念,一种虚幻的存在,它需要和具体的目标相搭配才能事半功倍。管理者为成员制订一个明确且具体的目标,意愿才能发挥它的主观能动性,否则,意愿就像是纸上的食物，毫无意义。

所以，管理者为成员统一愿景之后就必须趁热打铁，及时为其制订一个目标。当团队成员有了一个明确且清晰的目标之后，他们就会在愿景的极大驱动力之下，用最热切的信念去完成它。

第四，用结果管人。制订目标的最终目的是什么？是为了结果。有时候在某些程度上，过程远不如结果重要。管理者不管是订制度、树愿景，还是立目标，都是为了最后可以有一个良好的结果。

想要结果管人，管理者就必要先把控目标现实的过程。海尔的"日清日毕"就是最为有效的目标管理，只有每天的目标完成了，才能保证最终的目标可以及时完成。所以，管理者必须要实时掌握成员的工作情况，当他们遇到问题的时候，及时帮助他们解决问题。

第五，用品行管人。管理者想要让成员真心信服，不能仅仅依靠制度，更要用品行去管人。正所谓：上梁不正下梁歪。管理者必须先管理好自己，让自己在团队中树立一个良好的榜样，才能得到成员的尊重，才能在团队中有说服力。

管理者必须要牢记：管理者管的是人，而非事。如果管理者本末倒置，那么，这个管理者绝不会是一个真正优秀的管理者，这个团队绝不是一个战斗力强的团队。

不能服众,你怎么带团队?

管理者是可以帮助团队成员成长,带领团队前进,在面对困难的时候可以毫无畏惧,迎接挑战的人。

刘邦说:"夫运筹帷幄之中,决胜千里之外,吾不如子房。镇国家,抚百姓,给馈饷而不绝粮道,吾不如萧何。连百万之军,战必胜,攻必取,吾不如韩信。此三人者皆人杰也,吾能用之,此吾所以取天下也。"为什么刘邦什么都不如别人,却成为了汉王朝的缔造者?因为他的管理能力得到了众人的认可,令众人信服。

刘邦无才,却得到了韩信、张良等人的拥护;刘备无能,却有孔明、关羽等人支持。正因如此,管理者想要成功就必须要服众。只有在众人相助的情况下,管理者才能带领团队拼出业绩。

那么,管理者应该如何做才能服众呢?

第一,管理者自身要有亲和力,亲近成员。很多管理者认为管人需要严肃,成员需要按照管理者的意愿和吩咐做事,只有这样才能树立自己的威信。但实际上真的如此吗?

有两家公司在同样的时间做了内容大致相似的两份宣传方案,并将方案的落实交给了公司的市场部。

但是一段时间过去了，第一家公司的宣传方案落实的并不到位。经理知道之后大为恼火，并对市场部的成员说道："我们的宣传方案上不是写得很清楚吗？为什么你们不按照上面的去做？"

成员只好无奈回答说："我们都看见也都知道呀，但是没人告诉我们什么时候开始，什么时候结束呀？"

"方案上不是写着呢吗，你们就按照方案上面的时间、地点和活动方式去做就好了，不要提那么多问题。好了，你们就加紧干吧，等有问题了再来找我。"

员工只好按照自己的理解将原本不错的策划方案落实得一塌糊涂。

而另一家公司的策划方案却落实的比想象中要好得多。为什么会出现这样的状况呢？这家公司的经理拿到宣传方案之后，先是开会大概说了一下策划案的大概内容，并让员工提出不理解的地方。等全员没有疑问了，再让他们去工作，并对他们说道："大家要是有什么不清楚的就赶紧提出来，咱们大家一起解决。中午吃饭的时候，我们大家可以坐在一起，聊聊天，可以聊生活中的事情，也可以聊一聊这次的策划方案有没有什么值得改进的地方。好吗？"

结果，一段时间之后，这个策划方案在众人的完善之下越来越好。

第一家公司的管理者只能是成员"敬而远之"的对象，久而久之便会让成员产生不满。在管事的时候，管理者的确需要一些强硬手段，但如果一直这样，成员就会产生怨言。所以，管理者既要有"雷霆"手段,也要具备亲和力,将自己放到团队当中去。

第二,管理者要丰富自身知识,补足短板。对管理者来说,他是一个普通员工,更是一个管理人员。正是因为如此,管理者首先要丰富的便是自己的相关专业知识。通过书籍的阅读和专业培训等方式,不断补充自己的专业知识。

作为一个管理者,所要具备不仅是专业知识,更应该补充自己的管理知识,因为管理团队绝不是简单的管事,更多的是管人,而管人是最难的。这需要大量的书面知识和管理经验来实现团队的最佳管理。

小乔治·史密斯·巴顿是二战期间著名的美国军事将领。在此之前,巴顿就读于美国西点军校,曾因为成绩问题留级一年。但后来,年仅29岁的巴顿便成为上校,带领着第一支在战场上作战的坦克部队。自此之后,巴顿声名大噪,但因为后期预算裁减问题,巴顿再一次回到了骑兵部队。

1940年,陆军急需坦克人才,陆军部队将巴顿调回。在之后一系列的战争中,巴顿一步步成为著名的军事将领。巴顿之所以可以被提升为少将,一个最为主要的原因便是他熟悉坦克,他所带领的士兵更是对他的专业技术心服口服。

成员没有专业技能很难在团队中立足,而管理者更是如此。想要始终保持自己在团队中的位置,想要让成员真正信服,就必须让自己的专业知识无懈可击。

第三,让成员在合适的位置上发光发热。有一则简单的寓言故事,可以用来解释为什么管理者让成员在合适的位置上就可以让成员更加信服。

曾经有一个农夫,他的驴年纪越来越大,已经拉不动磨了。正好,旁边的邻居做生意发了财,决定搬离这个小镇。在搬走的时候,这家邻居把自己家那头年轻力壮的骡子送给了农夫。

农夫很开心,便开始让这头骡子给自己拉磨。但是没想到的是,这头骡子不听话,总是想着往外跑,无奈之下,农夫只好像对待驴那样,将骡子的眼蒙住,并用鞭子催赶他。果然,骡子听话了,开始专心拉磨。

可是好景不长,没几天骡子又开始往外跑,农夫便又想了一个办法:等骡子拉一段时间磨之后,便喂它一些草料。可是几天之后,骡子又开始望着门外想要出去。各种方式都试过了,但骡子还是不听话。农夫便开始用鞭子不断催赶他,一旦它停下,农夫就会用鞭子抽它。

终于有一天,骡子受不了,便在晚上的时候挣脱缰绳逃跑了。逃跑之后的骡子遇到了另一个农夫。而这位农夫没有让骡子去拉磨,而是带着它去拉犁耕地。这头骡子再也没有逃跑过,直到它老到无法工作。

为什么骡子后来不需要农夫催赶就很卖力地干活?不是因为第二个农夫有什么特殊技巧,而是因为他让骡子干它最应该干的事情。骡子在拉犁耕地的过程中没有感到疲惫,它觉得自己在这个时候充分发挥了自己的价值。

道理相似,每一位成员都希望可以在适合自己的位置上发光发热,一展才华。当成员无法在别处施展抱负,却在这里实现自身价值的时候,他就会认为这个管理者是他的伯乐,他就会从内

管理不狠，团队不稳

心敬佩你。

　　试想一下，如果管理者不能服众，成员还会听安排吗；如果成员不听安排，管理者又怎么去管理这个团队呢？不论是待人接物，还是专业能力，抑或是分配工作上，管理者都必须做到更好，才能让成员服气。否则，这个团队又如何前进呢？

第四章 团队中，人才是关键

让有能力的人站上"C位"

《论语·卫灵公》中有一篇：子贡问为仁。子曰："工欲善其事，必先利其器。居是邦也，事其大夫之贤者，友其士之仁者。"也就是说，工匠想要把工作做好，就必须要让自己的工具锋利。住在一个国家，要侍奉大夫中的贤人，与士人之中的仁者当朋友。

同理，如果团队想要让自己的业绩有突破性的进展，就必须要让团队中存在一些有能力的人，并让他们成为团队的中坚力量，站上团队的"C位"。当这些有能力的人站上"C位"之后，团队就会发生改变。

在日本，有一个说法——排25名就是第一。这个说法来自于松下幸之助的一次举动。松下幸之助曾以松下集团的最高顾问兼创业者的身份进行了一次人事调动。松下幸之助将自己的女婿从总经理改任为总董事长，而让山下俊彦出任总裁。当公司员工知道这个消息之后大为震惊。一方面，山下俊彦和松下幸之助没有任何血缘关系，在董事局内部的地位也只是第25位；另一方面，他是经常不服从公司决策的"问题员工"。

松下幸之助没有因为多数人的反对而改变这次的任命，他坚持启用山下俊彦。山下俊彦上任之后，根据世界市场的趋势变化和家电行业的发展趋势，大刀阔斧地对企业内部进行调整，改变了松下集团原本只生产家用电子的单一体系，转向了生产电子科技产品等多种类的生产体系，企业销售额逐年增加，开启了松下集团的新时代。

松下幸之助的这次任命，改写了松下集团的未来。曾有资料显示，松下幸之助从来不会去著名大学招聘人才，而是注重从内部员工中挑选人才并赋予他们权利，让他们成为企业的骨干成员，站上企业的"C位"。

团队想要得到一个更好的发展，就必须要让有能力的人站上"C位"，让他们将自己的智慧和能力发挥到极致，推动企业不断发展和进步。管理者应该如何做，才能让团队中有能力的人站上"C位"呢？

第一，管理者要善于发现有能力的人。有能力的人永远是团队发展的决定性因素之一，因此，管理者必须要具有一双慧眼，要学会知人善用。知人，是要求管理者必须清晰了解有能力的成员的过去、现在和未来，并完全知道他们的长处；善用，则是要求管理者在选拔出来人才之后将他们放置在真正适合他们的位置上。

一个秋天，屠格涅夫无意中捡到了一本《现代人》杂志，他随手翻了一下，被其中一篇名为《童年》的文章吸引住了。虽然这篇文章的作者只是一个籍籍无名的人，但是屠格涅夫格外欣赏他。

几经波折之后，屠格涅夫得知这个作者是由其姑母抚养长大的，便亲自上门对姑母表达了对作者的肯定与欣赏，并说："如果他可以坚持写下去，那他或许就能成为文学界的一颗新星。"

屠格涅夫离开之后，姑母写信给侄儿："你的第一篇小说得到了屠格涅夫的高度赞赏。"作者看到信之后，重拾了写作的信心。从那以后，这位作者笔耕不辍，终于成为了一代文豪，其著作《战争与和平》《安娜·卡列尼娜》更是成为传世之作。他就是列夫·托尔斯泰。

有时候，团队成员是有能力而不自知的。因此，这就要求管理者必须要细心观察，仔细甄别，从团队内部发现有能力的人，并给他们空间和平台，让他们去发挥自己的才能。

第二，管理者要授权给有能力的人。管理者授权的目的是什么？是为了让有能力的人成为团队中不可缺少的力量，成为团队的领跑者。而被选中的成员也必须是有能力的成员，只有如此，授权才能发挥其真正的意义和作用。

有一群虫子在房间里开心地开着联谊会，它们一边开心聊天，一边吃着美味的食物。没多久，他们便将带来的汽水喝完了。

但是联谊会才刚开始没多久，它们便决定选出一个代表去买汽水。但是它们的所在地与卖汽水的商店相距很远，因此，它们决定派一个跑得快的代表。最后，大家一致推选蜈蚣为代表，因为它们觉得蜈蚣的脚特别多，所以跑起来也一定很快。而蜈蚣也高兴地出门了。

过了很长一段时间，虫子们发现蜈蚣还没有回来，它们打算出去看看情况，但是没想到，当它们推开门的时候，蜈蚣还蹲在门口穿鞋呢。

有多少管理者也曾犯过这样的错误，想当然地认为这个人有能力做好这件事情。但实际上当真如此吗？也不尽然。有些成员只是看似有能力，但实际上还是有所欠缺，所以，在授权之前管理者必须要确保这个成员一定有能力。

如果一段时间之后，发现该成员还无法完成管理者所授权的任务的时候，管理者就应该及时收回授权，避免更大的损失，然后继续寻找下一个有能力的成员。

第三，管理者要学会培养有能力的人。在团队中，那些最开始有能力的人不代表会一直有能力。想要有能力的成员始终都是佼佼者，就要求管理者必须对他们进行定期的培养和新知识的输入。

从1975年之后，三星公司便开始执行人才选拔制度。而三星的选拔依据并不是员工的学历，而是员工的实际工作能力。只要可以在工作中脱颖而出，三星就会不问出处，不问学历，将他们提升到更好的工作岗位上。

当这些成员升职之后，三星公司会不惜花费大量的资金对他们进行二次培养，让他们的能力更上一层楼，成为团队中的人才，之后让他们成为团队中的主导，站上团队的中心位置。

能力是一种"不进则退"的存在，因此，管理者在任用有能力的人之后，更要对其进行培养，让其更加优秀。但在这里，管理者必须知道，不能将所有人的目光放在最有能力的几个人身上，还应该从团队中选出进步最大，或是潜力最大的成员进行培养。只有这样，团队才会源源不断地出现有能力的人，让没有能力的成员产生危机感。

发现有能力的人、授权有能力的人、培养有能力的人，这是管理者让他们站上"C位"的三个环节。这三个环节相辅相成，缺一不可。此外，管理者必须要注重这三个环节的先后性，绝不能本末倒置，否则，会让团队遭受损失。

管理不狠，团队不稳

权力下放，让员工该怎么做就怎么做

在团队中，管理者是不是每天都忙得团团转，整天为了一些琐碎的事情东忙西忙。"吃饭分任务，走路看资料，睡觉有人找"，这是多少管理者的真实状态。

管理者每件事情都亲力亲为，似乎自己不亲自把关，这件事情就会变得一团糟。想交给成员，又害怕他们将事情搞砸；将事情交给成员之后，管理者又时时刻刻盯着他们，对他们指手画脚。这种心态和行为真是适合团队的发展吗？

管理者对所有事情都亲力亲为，对所有成员都时时监管，在这样的团队环境中，管理者劳心劳力，成员会战战兢兢。如果长期保持这种情况，优秀的员工会觉得在团队中束手束脚，没有发展的空间，留下的员工可能做好了随时辞职的准备。这样的话，不要说提高团队的能力，怕是连最基本的运转都无法保证。

管理者的工作内容不是凡事亲力亲为，而是学会权力下放，只管自己需要管理的事情。

北欧航空公司曾经接到多名乘客投诉，投诉的内容就是他们公司的航班经常晚点。为此，公司董事长卡尔松进行了一系列的改革，但是这一系列改革并不是由他主导的，而是运营部部长雷诺。卡尔松对雷诺说:"怎么让咱们公司成为欧洲最准点的航班呢?这就是你近期的工作目标。希望你可以给我一个满意的答复。"

几个星期之后,雷诺来到了卡尔松的办公室说:"我已经想到了办法,不过可能要用6个月的时间,并花费近160万美元。"卡尔松听完雷诺的方案之后,很高兴地说:"雷诺,你这个方案很好。以后这件事情就交给你全权负责。"

第二天开会的时候,卡尔松向全公司宣布了这件事情。4个月之后,雷诺找到卡尔松,并请他去验收自己这4个月的成果。各种数据和资料显示,北欧航空公司的航班准时排名位居欧洲第一。此外,雷诺对卡尔松说道:"董事长,除了航班的准时,我们还为公司省下了50万美元。"

当别人都在向卡尔松请教的时候,他说:"如果我一开始对雷诺说:'你负责将公司的航班变成欧洲最准时的公司,我拨给你200万美金作为经费。'并时不时干涉雷诺的管理。那可能需要等到6个月之后,雷诺才会找我,给我汇报他的工作进度,也许是刚刚完成,经费正好用完;但更有可能是工作还没有完成,经费也已经用完了,时间和经费都需要再增加。

"可我并没有这样做,而是将这件事情从头到尾地交给了雷诺,让他自己去计划和执行。而他也没有让我失望,不仅提前完成了任务,还省下了一笔钱。"

管理者的权力下放,一方面,能让自己从繁琐的工作中脱身出来,专注于自己所应管理的事情上面去;另一方面,它可以激发成员的责任感和能动力,调动成员积极性,让成员将能做的事情做到更好，有时候甚至能将不可能完成的工作完成。

权力下放可以让成员将自己所有的注意力都放在任务上，而不是将所有的事情都推给管理者，同时也可以培养成员独自解决问题的能力。

孔子有一个学生，叫作子贱。子贱进入仕途之后，担任了一个地方的官吏。他到任之后，没有大刀阔斧地进行地方改革，也没有肃清不良风气，而是经常弹琴看书，自娱自乐。但是让所有人都意外的是，该地方在子贱的管理之下，却路不拾遗，夜不闭户。这一现象让之前卸任的官员十分好奇，他便亲自登门向子贱请教原因："为什么我每天起早贪黑，兢兢业业，凡事亲力亲为，却还是存在很多问题，而你只是每天弹琴看书，却能管理得这么好？"

子贱听到这里之后，笑着回答说："你管理不好的原因恰恰就是因为你凡事都亲力亲为，只依靠着你一个人的力量和能力去管理这么大的一片土地。而我却是集众人之智慧，共同管理。"学会权力下放，团队才能在众人的努力之下，蒸蒸日上。那么，管理者应该如何做好权力下放，并保证权力下放之后，团队可以变得更好呢？

第一，权力下放之前，先找好合适的成员。权力下放并不是让管理者随意将权力下放下去，而是先找到一些优秀、有责任感的员工。这样的员工才能用权力帮助团队更好发展，而不是在得到权力之后以权谋私。

第二，权力下放的时候，告诉成员授权的范围。管理者在权力下放之前必须要告诉成员他的权力范围，而不是笼统的将权力下放。如果这样，成员就觉得自己拥有着众多权力，甚至会干涉其他负责人管理，导致整个团队变得一团糟。

第三，权力下放的同时，也要责任下放。管理者要让成员知道他们拥有了之前没有的权利，自然也要担当之前没有的责任。简而言之，便是要让成员知道：你现在拥有的权利有多少，所需要的担当责任就有多少。

第四，权力下放的时候，也要信任下放。古人常说："用人不疑，疑人不用。"既然管理者决定将权力下放，就需要充分信任成员。而不是一边权力下放，一边监视、干涉他们。这样只会适得其反，会让员工觉得既然不相信我，为什么要让我去管这件事情。

所以，管理者要充分信任成员，权力下放之后，管理者不要大事小事都过问，只需要在适当的时候给他们一些指导，让他们少走弯路。

除此之外，管理者应该懂得权力下放的意义：一、合适的权力下放可以减少管理者的工作负担，不至于被琐事缠身；二、能让成员感到团队和管理者的信任，挖掘成员的潜力；三、有利于管理者发现人才，培养人才；四、可以避免管理者的独断专行，有效降低错误决策的出现频率；五、可以增强管理者与成员之间、成员与成员之间的凝聚力。

权力下放就像是一个管理的魔杖，它可以"引爆"成员自身的爆发力，也可以让忙碌不堪的管理者变成优哉游哉的指挥者，更可以使原本业绩平平的团队变成发展迅猛的虎狼之师。所以，管理者必须要学会使用"权力下放"这根魔杖。

! 管理不狠，团队不稳

论资排辈，论的是能力而非年龄

《魏书》第六十六卷崔亮篇载："寻除殿中尚书，迁吏部尚书。时羽林新害张彝之后，灵太后令武官得依资入选。官员既少，应选者多，前尚书李韶循常擢人，百姓大为嗟怨。亮乃奏为格制，不问士之贤愚，专以停解日月为断。"这便是"论资排辈"的由来。

论资排辈，自古有之；揆诸当下，亦在盛行。千百年来，因为论资排辈的影响，多少有能力的人都受制于此。明明满腹才华，却只能屈居人下；明明技能过硬，却始终只是一个普通员工。

有多少团队，还依旧存在着论资排辈的现象；有多少管理者，还依照着按年龄排位置？当"熬"和"混"成了很多成员工作的常态，那些有能力的成员也只能在有资历的成员之下。试想一下，如果团队一直以年龄来论资排辈，那些真正有能力的成员将会认为自己在团队中毫无大展身手的机会，最后将会离开团队，寻找能施展自己才华的舞台。

小叶虽然刚毕业，但是能力极高，通过面试他成功入职到当地一家发展前景还不错的公司。因为小叶出色的业务能力，各级经理都十分放心将一些重要的任务交给他。但是没有想到的是，年底升职的时候，升职为主管的不是能力出色的小叶，而是表现平庸，但是入职时间长的小赵。小赵平时工作不努力，效率也只有普通员工的四分之一，有时候对老板分配的任务也是敷衍了事，甚至有时候会将工作推给他人。

知道这个消息的小叶震惊之余，更觉得气愤。明明自己能力好，老板分配的任务也都是按时保质保量地完成。有时候，自己还会帮助同事解决他们所遇到的难题。而小赵可以说是一无是处，凭什么是他成为主管。

第二天，小叶敲响了老板的办公室。一进办公室，小叶就问老板："为什么要让小赵当主管，他能力不行，态度也不行。公司那么多优秀的员工，为什么偏偏是他？"

老板听到小叶这样问，只好无奈回答："我知道小赵能力不行，但是他入职时间长呀。如果直接绕过他，让比他入职晚、年纪小的人当主管，他就会觉得是公司亏待他，可能就会对公司有意见。让他当主管，他没准就能学习自律，将更多精力放在工作上。"

听完这番话的小叶并没有再反驳什么，只是默默地离开了办公室。周围的同事知道了这件事情之后，纷纷劝道："小叶，这很正常。之前也有好多有能力的人，但是始终只能在这当个小员工，除非你自己熬，熬成辈分最大的员工，你就能成为主管了。"

小赵成为主管之后，工作状态并没有好转，还是每天玩着手机，浏览着网页，对员工的工作指手画脚。久而久之，部门成员怨声载道，对小赵的管理方式十分不满。而很多有能力的成员也都陆续离开了，这其中也包括小叶。

有时候，论资排辈是产生庸才的"温床"。如果团队是按照年龄来排辈，其他真正有能力的成员迟早会离开。就像小叶一样，有着极强的专业能力，却因为团队按年龄的排资论辈，让他根本看不到自己未来的发展。

1970年，麦当劳快餐正式进军法国市场，并以极快的发展速度扩张，平均半个月就会开设一家新的分店。分店的分裂式发展让麦当劳的用人数量大增。为了解决此次用人的燃眉之急，麦当劳在招聘方面不局限于之前的招聘方式，只要有能力，不管是刚毕业的大学生，还是在其他地方工作过的有经验的员工，都可以参加面试。面试通过之后，他们都将进入实习期。经过三天的实习期，员工便知道这份工作究竟是否适合自己，那些认为自己适合这份工作的员工，麦当劳将会对其进行第二轮面试，然后再确定是否正式录用。

在麦当劳，当上管理者的绝不会是年龄大、入职时间长的员工，而是那些入职时间短，但能力超群的员工。在这里，其实也是论资排辈，只不过这里论的不是年龄而是能力。因此，越来越多的员工开始涌向麦当劳。

论资排辈就像是一把杀人于无形的"隐形刀"，表面丝毫没有异常，但实际上却能给团队致命的一击。管理者要将有能力的员工提拔上来，绝不能一味地按资排辈。

一方面，管理者要选择并坚持正确的用人导向。管理者不要将成员的资历与能力画上等号。在团队管理中，管理者必须要摒弃只看年龄与入职时间长短，不看能力强弱的论资排辈的做法。

有时候，并不是资历越老，能力就越好。管理者必须要选择一个正确的用人导向，并始终坚持下去，要将"只看能力选拔人才"当成员工的晋升渠道。

不过，管理者需要注意，成员的能力不仅体现在业绩上，更体现在待人接物、工作态度等多种方面，万不能将能力仅局限在业绩上，忽略员工在其他方面的能力。

另一方面，管理者要建立科学有效的人才选拔机制。管理者应该根据时代和团队的发展，创新人才选拔机制，破除旧有的论资排辈制度。在选拔中发展人才、培养人才，从而使其成为团队的下一个优秀管理者。

正如龚自珍所写的："我劝天公重抖擞，不拘一格降人材。"管理者在选用成员的时候要不拘一格，唯贤是举，这样才能将真正有能力的成员挑选出来，成为团队的骨干成员和顶梁柱。

想要团队更加强大，始终屹立在行业之巅，管理者必须要有战略思维，也要有独特的管理风格，但更要有识人用人的能力。能力强的成员可以让团队更好更快发展，而团队又能为成员提供一个良好的发展平台，使双方最终达成共赢。

05
第五章

培养责任感,提升凝聚力

责任感是高效团队的基因

著名管理学大师彼得·德鲁克说:"责任保证业绩。"一个高效团队必然是由诸多有责任感的成员所组成的。对每一位成员来说,责任感是鞭策其不断前行的动力;而对团队来说,责任感是保证其高效运转的基础。

成员的责任感,影响着团队的业绩,两者之间呈正比例关系。因此,管理者想要让团队的业绩节节攀升,就必须要让成员具备强烈的责任感。

小九是一个普通大学生,在大学里面学的是计算机专业。在大四那年,小九成功进入了一家科研机构实习。在刚刚入职的时候没有人管小九,她每天无所事事。直到三天之后,上司才想起小九,于是随手扔给她一个文件,并对她说:"这个文件三个月之内完成就行,到时候给你一个实习鉴定报告。"

但是没想到,三天之后,小九便将这个文件完成了。等她将文件交给上司的时候,上司很是惊讶。原以为文件会做得一塌糊涂,但是没想到里面文件做得很好,上级后来才知道小九接到这个文件的时候几乎住在了单位,遇到不会的就请教周围同事。

从那天起,上司就对小九刮目相看。从此,上司会时不时地给小九一些任务，可是不管是什么样的任务，小九都能提前完成，并保证没有任何错误，就连一些细微之处也处理得十分好。

但是直到实习期结束，上司也没有对小九进行任何评价。就在众人以为小九需要加入求职大军的时候，这家科研机构来学校将小九聘了回来，还让她直接转正。

科研机构的上级部门十分好奇，便对机构的负责人说："来我们这里实习的还有研究生，但是你都不要，反而要了一个普通的大学生？"

机构负责人解释说："一个真正有用的人，在于他的能力；而一个团队真正需要的人，不单要有能力，更要有责任感。当一个人有责任感，不管是什么任务，他都能优秀地完成。而我们所需要的，正是这样的成员。"

与学历相比，管理者更看重成员的责任心。虽然能力是团队成功的因素之一，但如果没有责任心，能力高低也就显得没有那么重要了。

如果团队成员缺乏责任感，他便不会将团队的利益当作自己的利益，更不会因为自己的行为给团队带来了损失而感到羞愧。

有责任心的成员不仅关注本职工作，还会对其他成员有一定的关注，他们绝不会因为一己私利损害团队利益，对于因自己的过失而造成的后果也绝不会推诿。

其实，无论是优秀的管理能力，还是先进的管理经验，这一切进行的基础都是成员的责任感。如果不能让成员具备责任感，那么，不管管理者有着多么丰富的管理经验，还是有多么出色的管理能力，在一群没有责任感的成员面前都将会是白费。

管理不狠，团队不稳

总是犯"低级错误"，是能力问题还是态度问题？

"失了一颗铁钉，丢了一只马蹄铁；丢了一只马蹄铁，折了一匹战马；折了一匹战马，损了一位国王；损了一位国王，输了一场战争；输了一场战争，亡了一个帝国。"这个童谣里说的国王叫理查三世，这个国家就是约克王朝。

1485年，理查三世和他的劲敌奇蒙德伯爵亨利迎来了最重要的一场战争，这场战争决定着未来是谁统治英国。

为了赢得这场战争，在战斗开始之前理查派马夫备好自己最喜欢的那匹战马，准备亲自上阵，以此鼓舞士气赢得此次的胜利。听到理查的吩咐之后，马夫急忙找到铁匠，对他说："你快点给国王的马钉掌，国王要用这匹马来打头阵。"铁匠回道："你等一等，我需要去找点铁片过来。我之前刚给全军的马钉了掌，现在没有铁片来给国王的马钉掌。"

但是马夫却催促："你赶快钉好，敌人的军队正在往这边赶来，如果耽误了战争，国王一定会严惩你。有什么你就用什么吧。"

铁匠万般无奈之下，只好从一根铁条上割下来一块可以做成四个马掌的铁片，然后将它们砸平整形，最后固定在马蹄上。但是没想到,在钉了三个掌后,并没有钉子来钉最后一个掌了。

"我需要一两个钉子,再等我一下,让我砸两个钉子出来。"铁匠无奈地说。

"我刚才不是告诉你了吗,现在没有那么多时间。你就先凑合一下。敌军已经越来越近了。"

"我可以现在把马掌钉上,但我不能保证这个能像其他几个那么牢固。"

"能挂住吗?"马夫着急地问。

"应该是可以,但还是那句话,我并不能保证。"

"可以就行,那你赶紧弄好,否则国王会怪罪我们的。"

理查骑着马冲在了军队的最前方,带领着兵士迎战。一时间查理的军队势不可当,但是谁都没有想到,在理查奋勇杀敌的时候,自己战马的马掌掉了,战马不幸跌倒了,而理查也被掀翻在地。

而等理查站起来打算抓住缰绳的时候,那匹马已经受伤逃跑了,他看了看自己的周围,发现他的士兵都在撤退,而敌军士兵正在慢慢包围他。

看到这种情况,理查的军队瞬间分崩离析,士兵纷纷四处逃窜。理查成为了阶下囚,这场战役结束了。正如莎士比亚的那句名言:"马、马、一马失社稷。"

查理失败的原因是什么?是他作战能力不强,还是他的马掌没有钉好?很显然是后者。马掌没有钉好的原因是什么?是马夫能力不行,还是态度不行?很明显依然是后者。这种因低级错误而错失了一个国家,怕是没有几个国王经历过吧。

管理不狠，团队不稳

如果马夫可以提前将国王的马掌钉好，还会是这样的结局吗？极有可能不是。在团队中，管理者常常会把团队的失败归咎于计划和能力。但在很多情况下，技术和能力并不是最为主要的原因。深究之下，导致团队失败的原因还是成员对待事情的态度问题。没有态度，再完美的计划也只是空中楼阁；没有态度，再过硬的技术也只是纸上谈兵；没有态度，再正确的方案也就只能是方案……

正如俄国著名作家列夫·托尔斯泰所说："一个人若是没有热情，他将一事无成，而热情的基点正是责任心。"责任心决定着态度，而态度在一定程度上决定着能力。

那么，管理者又该如何提高成员的工作态度，培养成员的责任感呢？

第一，禁止团队出现吃"大锅饭"现象。"大锅饭"现象为什么一直广受诟病，就是因为赏罚不明确。干多干少一个样子，干好干坏还是一个样子。如果这样的话，团队中又有谁会拼命干活呢？

第二，给团队成员多些权利。责任与权利就像是"双生子"，总是相生相伴。管理者如果只让成员担责任，却不给成员任何权利，团队一定会出现问题。有时候，对成员来说，影响他们能力的不仅是责任，也有权利。

当成员拥有权利的时候，他们就希望自己可以以身作则，冲锋在前。这样的话，成员不仅会严格要求其他成员，更会严格要求自己做到更好，从而提高工作效率。

第三，为成员拟定一个明确的工作分配表。有时候，管理者会说"这是你们大家的责任",当管理者说出这句话的时候,所有成员都会觉得"这不是我一个人的责任"。这种心态会成为团队前进的绊脚石。

所以,管理者分配任务的时候一定要"分配到人",只有在这种明确的分工下,成员才能端正自己的工作态度,主动担起自己肩上的那份责任。

第四,培养团队精神。责任感来自于何处?来自于团队精神。团队精神是帮助员工培养责任感的重要助推力。试想一下,如果团队中有着极高的凝聚力,那么,团队成员必然具备高执行力。当整个团队成员都具备高执行力时,就意味着他们所有人都有着相同的目标,都有着强烈的责任感。

那么,团队精神该如何培养呢?一方面,管理者需要注重成员大局意识的培养,让成员学会关注工作的整体性。没有哪个任务是可以依靠个人便完成的,所以,管理者不仅要自己掌控任务总进度,更要让成员学会兼顾别人。另一方面,管理者需要激发成员的荣誉感,将团队荣誉与个人荣誉相结合形成利益共同体。这便要求管理者不能将团队荣誉当作自己的荣誉,而是要让团队中的每个成员都享受荣誉,让他们感受到自己是团队中的一员。

当团队成员开始出现"低级错误"时,管理者必须先根据实际情况分析究竟是成员的态度问题还是能力问题,然后对症下药。如果是因为态度问题,就需要管理者通过以上四种方法来端正他们的工作态度,加强他们的责任意识;如果是因为能力问题,就需要加强成员的专业能力,避免以后出现类似的情况。

管理不狠，团队不稳

多听多看，团队中的问题无所遁形

当团队接二连三地出现问题，管理者才发现这些问题在很早之前就已经出现了端倪，而自己当时却没有及时采取措施阻止。为什么？深究原因无非就是管理者始终坐在自己的办公室中，看着成员上交上来的报告，检查着成员的工作情况。

团队中的很多问题不是突然出现的，都是由来已久。如果管理者在早期的时候可以发现这些问题，就能及时制止这些问题给团队造成更大的损失。反之，这些问题可能在以后的日子中给团队造成不可挽回的损失。

如何在早期发现这些问题呢？这就要求管理者多听多看，在"看与听"中发现团队所存在的问题。

小楚是团队的管理者，在最开始的时候团队运作正常，团队业绩也还不错。但是没过多久，团队的问题一茬一茬地出现：成员的方案没有一点创新性，内部成员摩擦不断，部分成员开始无视公司制度……

这些问题拖垮了团队的业绩，可是小楚也不知道该如何解决这些问题。万般无奈之下，小楚找到了自己的朋友进行咨询。朋友听完了小楚的话之后，只对他说了一句话："不要老是坐在你的办公室里,学会在上班时间多看看成员,下班的时候和他们多聊聊天。"

听到这个建议的时候,小楚并不明白这样做有什么意义,也不知道这能改变什么,但他还是抱着试一试的心态照做了。

上班的时候小楚会站在成员的身边,看到他们遇到问题就及时给他们一些思路,让他们延伸出新的想法;当成员之间为了一些鸡毛蒜皮的事情开始争吵的时候,小楚会及时询问情况,并劝解他们。下班的时候小楚会抽空和成员沟通,而在沟通中,小楚得知公司的有些制度并不适用于他们……

从那之后,小楚不再一直待在自己的办公室中,而是学会在团队中多听多看,找出问题所在,并及时找出解决方法,不让这些问题成为团队和公司未来发展的隐患。

管理者想要做到多听多看,就要走到团队内部去,而不是仅仅凭着一份报告,或是几个人片面的说法,就草率地给团队下一些并不全面和客观的结论。

那么,管理者具体要怎么做才算真正做到了多听多看呢?

首先,管理者要让成员多说。"少说多做"是很多管理者对成员的要求,但殊不知这样的要求只会让管理者消息闭塞,不了解团队的真实情况。因此,管理者要鼓励成员多说。只有这样才能清晰地知道团队中所存在的问题。

有些企业会用"员工满意调研""员工心声调查"等调查方式来获得成员的意见。但这份调研上面一般填写的都是"比较满意"或是"相当满意",但这并不能真正体现成员内心真正的声音。为什么这样说呢?第一,成员都认为这些调研只是一个形式，即使自己提出一些有建设性的想法，管理者也并不会做出任何改变。第二，成员认为自己一旦表达出对团队的不满，可能会引起管理者的不满和训斥。

虽然调研的目的是好的，但有时候并不能达到最佳效果。因此，管理者要学会和成员沟通，在日常生活中让成员多表达，在与成员的沟通中了解他们内心最深处的想法。

其次，管理者要多听一听。管理者想要管好团队，就必须学会多听一听团队内部的声音。在成员的言语中，得知团队内部所存在的问题。

有这样一个寓言故事：鹰王和鹰后找了很久才找到一棵又高又大的大树，它们商量之后便决定在这棵树上筑巢。当它们正打算筑巢的时候，鼹鼠走过来对它们说："这棵树的树根都已经烂掉了。可能一阵风就能把这棵树刮倒。"

但是鹰王并没有采纳鼹鼠的建议，而是坚持在这棵树上筑巢。不久之后，鹰后孵出了一窝可爱的小鹰。

一天，鹰王像平时一样外出觅食，当它带着丰富的早餐回来的时候，却发现那棵树倒了，它的子女都被摔死了。此时的鹰王悔不当初："不应该忽略鼹鼠的建议，如果我听了它的话，那么，现在我的子女就不会摔死。"

鼹鼠说："我天天在地下打洞，每棵树的树根是什么样子我都一清二楚。"

鼹鼠每天都在地下打洞，可谓是对每棵树的情况了如指掌。那么，在团队管理中谁才是最了解团队基本情况的人？不是掌控大局的管理者，而是每天努力工作的团队成员。沟通是双向的，成员要多说，管理者要多听，只有这样才能让团队中的问题无所遁形。

最后，管理者要多看一看。管理者除了要多听，更要多看。听是为了聆听成员内心的声音和建议，而看则是要求管理者仔细观察团队中的每一个成员。

看，不单是看成员完成工作的情况，更是看团队中每个成员的问题，然后再放大眼界去看团队中的问题，在看的过程中，管理者要了解成员的基本工作情况，掌握团队的发展状况；看，是对每个成员的观察，观察他们在工作中遇到的难题，或无法解决的难题；看，是对整个团队的管理，观察团队在运转过程中为什么可以快速，又为什么停滞不前。从看中知道问题所在，找对解决方案，积累经验，以应对未来的挑战。

多听多看，绝不是形式上的听与看，而是需要管理者真正走到团队中去，阻止那些问题的扩散，却又能在适当的时候置身事外，从一个旁观者的角度去为团队提出解决方案。

> 管理不狠，团队不稳

丑话说在前，不负责任的后果很严重

古人常说："先小人，后君子。"这句话告诉后人：要先做小人，然后再做君子。先把有关利益得失的话说在最前面，然后再去讲情谊。但是在团队管理中有多少管理者喜欢"先君子，后小人"，他们从来不把利益得失的话说在最前面，而是一带而过，等到后期的时候却开始计较得失。

在现代团队的管理之中，究竟是"先小人，后君子"值得推崇，还是"先君子，后小人"值得学习呢？

一天晚上，老板给部门经理打电话："前一阵的那个客户谈下来了，但我们还是走个过场，给客户那边一个PPT。这个工作就交给你们部门了，你们部门的每一个人都要负起这个责任，绝不能出现任何差错。要不我们这一阵的努力就全都白费了。"

第二天，部门经理到办公室对员工说："有一个消息要给大家说一下。咱们公司之前不是和另一家公司争一个项目吗？现在公司已经和客户谈好了，基本已经内定咱们了。但是咱们还是给客户那边做一个策划方案，走一遍过场。虽然已经是内定好的，但是策划方案还是必须要用心去做，不要因为策划方案的原因出现任何变故。"

将任务分配下去之后，部门经理想到了老板对这个项目的重视，想要再给员工重申一遍，如果这个策划方案没有做好，很有可能会受到处罚。但是经理转念一想：如果他们现在还没有开始着手做方案，我就告诉他们做不好就会受到处罚，这样不仅会打击他们的积极性，还会让他们觉得公司和我不相信他们的工作能力。不如等到任务结束之后，如果他们做得好，我就不说那些难听的话了；如果做得不好，就直接听从老板的处罚就可以了。

几天之后的早上，老板突然打电话说："你们部门负责的那个策划方案做好了吗？客户那边把时间提前了，我们要和对手一起去客户那边讲一下各自的方案。如果你们还没有做好，我就给客户沟通一下，让他们晚两天。"

策划方案当天才刚刚做好，部门经理还没有来得及看其中的内容，但他还是回答道："已经做好了。我一会儿给您发过去。"

没想到，中午的时候老板打电话质问："我之前是怎么给你说的？让你们一定要把方案做好。结果呢，我今天拿到客户那里的方案连产品名称都给写错了，更别说里面的错字、错句了，连最基本的逻辑都不通，而对手那边的方案做得特漂亮。之前谈好的项目就这么拱手让给了别人。"老板继续生气地说，"你们部门所有人的年终奖和这个月的绩效全部取消，如果下次再有这种情况，你们就集体离职吧！"

当部门经理将这个消息告诉部门成员的时候，成员们私下里纷纷抱怨："扣钱这种事怎么不提前说呀。我们要是知道的话，肯定就用心好好做了呀。"

管理不狠，团队不稳

这个时候，部门经理在老板和成员眼里成了一个任务传达不到位的人，让公司和成员都受到了极大的损失。

为什么对手在明知自己没有希望拿下这笔单子的时候，还可以将方案做到最好呢？原来他们公司的部门经理在分配任务之前告诉成员："如果这个方案不能得到客户的认可和赞同，那你们所有人这个月的绩效都会被扣掉。"当成员们知道了这件事情之后，纷纷全身心投入到此次的方案策划中。于是，这个原本没有希望成功的公司却成功了，部门经理给了部门所有成员双倍的绩效奖金。

有多少管理者像第一家公司的部门经理一样，总是不想把丑话说在前面而导致了任务失败，让团队和成员损失巨大。员工往往这时就会抱怨：如果他早点告诉我们这些后果，我们肯定会更仔细、更负责。

将丑话说在前面，不负责任的成员也会变成负责任的成员；反之，不将丑话说在前面，负责任的成员也可能会变成不负责任的成员。所以，管理者必须要在最开始的时候将丑话告诉给员工，如果他没有按照标准去执行任务，不负责任地去完成任务，一旦出现任何问题，成员就必须要全权负责。

想让成员怀有极高的责任感投入到工作中去，最有效的办法就是管理者将丑话说在前面：如果你们做不好这个事情，你们就会被扣奖金，全公司通报，甚至是开除……在这种危机下，团队成员的责任感便会被激发出来。

那么，管理者应该在何时何地将丑话说在前面呢？

第一，分配任务的时候将丑话说在前面。管理者在分配任务之前就必须将丑话说在最前面。这样的话，一方面可以让成员有一定的心理准备，如果他们因为不负责任而导致任务出现差错，他们就必须承担相应的责任。另一方面，可以在一定程度上激发他们的奋斗精神。没有哪个成员愿意被处罚，所有人都希望可以得到上级的赞赏。所以，管理者绝不能因为"不想当坏人，只想当好人"就不将丑话提前说给成员。

第二，执行任务的时候将丑话说在前面。一方面，如果管理者在分配任务的时候没有将丑话将在最前面，在成员执行任务之前就必须将丑话说出来，因为在成员执行任务之前，是管理者能将丑话说在前面的最后机会。另一方面，如果管理者发现团队成员开始消极怠工，责任感逐渐消失，也可以重新将丑话说一遍，用此来鞭策他们。

但是管理者必须注意，不要在成员开始执行任务之后才说丑话，因为这时说丑话的效果并不理想。如果成员已经基本完成了1/3的任务，管理者却在这个时候告诉他：如果这个任务出现了问题，就会受到处罚。这时，成员已经没有时间再去重新整理了，他们可能就会产生"破罐子破摔"的心态，从而影响任务的完成情况。

第三，在任务完成的时候就不要再说丑话了。当成员完成任务的时候，不管结果是好还是坏，管理者都没有必须要再去说丑话了，因为这时的丑话已经起不到任何作用了，除了让员工产生极大的怨愤。

管理者在成员任务完成之后，需要做的事情就是检查任务、总结经验，牢记下次布置任务的时候将丑话说在最前面。

管理不狠，团队不稳

将丑话说在前面，并不是让管理者去充当坏人，而是让他先小人，后君子。在开始的时候便给成员"一巴掌"，让他们在工作中保持清醒，以负责的态度去对待工作，等结束的时候，可以适当给成员"一颗枣"，因为意外的奖励总是会让成员欣喜若狂。管理者在最开始的没有给成员"一巴掌"，而是让他们以随便的态度去完成工作，等到最后的时候却猝不及防地给成员"一巴掌"，那成员就会怨气冲天了。

第五章　培养责任感，提升凝聚力

把责任落实到每一个人身上

团队中是不是出现过这种情况：出了问题，成员开始相互推诿，每个成员都说不是自己的原因，自己所负责的那部分工作没有任何问题。

出现这种情况的原因是什么？其实不难发现，他们相互推诿的借口往往是：这一块不是我负责的。管理者肯定是将每一个环节分配出去了的，但为什么还是会出现这种情况？深挖一下就知道，这是因为管理者没有将责任分到指定的成员身上。

如果管理者不将责任落实到每一个成员身上，一旦工作出现问题和差错，就很难找到责任人。所以，想要自己的团队成为一个高效的团队，就必须要将责任落实到每一个成员身上，让他们明确地知道：这是自己的责任，一旦出了问题和差错，将会追究自己的责任。

南京明城墙是我国保存较为完整的古城墙，也是世界上现存最大的古代砖墙。而它之所以可以见证百年的岁月变迁而屹立不倒，与它的砖块质量有着紧密的关系。历史记载，明城墙所用的砖块是由长江中下游的150余个州、县烧制的。砖块的侧面刻着铭文，上面除了时间、州、县之外，还额外刻上了监造官、烧窑

管理不狠，团队不稳

匠、制砖人和运输官四个人的名字。

为什么在砖块侧面刻上这四个人的名字？就是责任到位。每一个参与人员的名字都被刻在砖块上，一目了然，一旦出现问题，就能及时找到相关人员。也正因如此，每个参与人员都尽心尽力，不敢有丝毫懈怠。

在最后验砖环节更是严苛。检验官让两名士兵抱砖而击，声音铿锵有力，清脆悦耳且不破碎则视为合格；相击之后，砖块断裂，则令相关人员重新烧制。这正是明城墙历经600多年的风吹雨打却始终巍然屹立的原因。

明城墙最值得我们学习和借鉴的并不是当时烧制砖块的技术，而是将责任落实到每个人的管理方法：当每个人的名字被刻在砖块上时，他们心中的责任感就会爆发出来。如果管理者也可以在工作的每一个环节上都"刻上"相关责任人的名字，那么，团队中将不会出现"豆腐渣"工作，也不会因为无法追究问题责任而让成员心生侥幸，丧失自己的责任感。

团队是需要凝聚力的组织，如果团队成员之间互相推诿责任，那将给团队带来致命的打击。

小沈大学毕业之后应聘到一家报社。在开始的时候，小沈负责做一些杂活，顺道学习别人是如何做采访的前期和后期工作。一个月之后，上司将一位前辈叫到自己的办公室中对他说："小沈已经来一个月了，我觉得他大概也了解采访前后的一些工作了。从今天起，你就带着他外出采访，让他学习如何去采访别人。"

第二天，那位前辈要外出采访一名当地的企业家，便带着小

第五章 培养责任感，提升凝聚力

沈一起去了。到了目的地，前辈发现包里没有话筒，便有些责备地对小沈说："我出门之前不是让你检查一下设备吗？怎么没有将话筒拿过来？"

小沈听到这个之后立即反驳道："这也不能怪我呀，你又没有告诉我让我拿。再说了，咱们这好几个人，也不能什么都让我干了啊，又不是我的责任。"

前辈听完之后，十分生气："不是你的责任吗？我出门前已经明确告诉你了。"前辈只好让其他同事回公司取话筒，等他们取来话筒进去采访的时候，已经迟到半个小时了。他们跟公司前台说明来意之后，前台小姐只是礼貌地说了一句："不好意思，我们老板这个时间约了其他客户谈生意，今天怕是没有时间接受你们的采访了。"

回到报社之后，前辈便向上级报告了这件事情。而小沈也因此失去了自己的工作。

有时候，管理者明明将任务安排了下去，却依然没人承担责任，为了避免这种情况的出现，管理者应该如何做呢？

第一，明确告诉成员：这就是你的责任。有时候，如果管理者没有明确的责任到人，团队中是很少有人去主动承担的。

山上有座小庙，庙里有个小和尚。他每天的主要工作就是挑水、念经、敲木鱼、给花浇水……

不久之后，庙里又来了一个和尚，他一来就喝了半缸水。小和尚说让他自己去挑水，但是第二个和尚觉得自己一个人去打水太吃亏，便让小和尚和他一起去打水。小和尚答应了。过了几天，又来了一个胖和尚。他也想喝水，但是缸里没水。小和尚

111

和第二个和尚就让他自己去打水。而胖和尚打来的水全都自己喝了。

　　从那以后，三个和尚谁也不挑水，大家都自己干自己的……

　　所以，管理者要告诉每一个成员他们所负责的内容：一旦你负责的内容出现了失误，这件事情就只能是你的责任，和其他人毫无关系。绝不给他们找借口的机会。

　　第二，明确告诉成员一旦出现问题，他们面对的将会是什么。在任务开始之前，不仅要成员明确自己的责任，更要告诉他们如果完不成这项任务，将会受到哪些惩罚。这样可以给员工压力和动力，让他们带着责任感去对待工作。

　　欧洲有一家生产直升机的企业，在直升机生产完之后需要让作业人员和工程师去试飞。所以每一个工作人员在生产过程中都十分认真，不敢有丝毫马虎，因为没有谁会拿自己的生命开玩笑。团队管理亦该如此，当成员有了这种危机意识之后，他们也就会认真对待每一个环节。

　　海尔总裁张瑞敏说过："干部要100%地落实责任，即'见数也见人'原则。每个1%的问题都可以转化为10%的责任100%的责任人。"管理者必须要让团队成员学会承担自己所应承担的责任，而不是一直推诿，推诿只会让团队的凝聚力越来越差。

06
第六章

有成果一起分享,有困难一起克服

管理不狠，团队不稳

时刻记得"我们是一个团队"

为什么马云的阿里可以横扫实体商场？为什么张小龙的微信可以独占社交APP鳌头？为什么张瑞敏的海尔可以在家电领域经久不衰？是因为产品优秀，还是创始人的经营眼光独到？不可否认，这些都是他们成功的原因。可如果没有员工和团队，那么，这些经营神话是否还能诞生，是否还能续写？

同样的成员，有的兢兢业业，有的得过且过。前者与后者的区别就在于是否有一种思想，一种"我们是一个团队"的思想。有这个思想的成员不仅成就了团队，也成就了自己，而没有这个思想的成员，在团队中碌碌无为，不仅损害了自己的利益，也损害了团队的利益。

比尔·盖茨是IT界的精英，他的成就让后人仰望，而他所带领的微软团队更是所向披靡，成为他征战商场的利器。

在微软公司正式推出Windows95产品的时候，进行了一场万人空巷的市场推广活动。此次活动整合了公共关系、市场推销和零售刺激等多层次、全方面的资源。这场推出活动总共历时24个小时，活动经费超过2亿美元。

此次的营销活动从新西兰首都惠灵顿开始，力推第一张

Windows95软键盘；随后转战到澳大利亚的悉尼。在各地做推广的时候，有三件事情引起了大众的兴趣：一是微软公司在波兰做宣传的时候租下了一艘全封闭式的潜水艇，让随行记者乘坐，而微软公司的这一行为是为了让人们知道如果没有Windows，人们就像是生活在没有窗户、全封闭式的空间里；二是微软公司在西班牙举办了一场与总裁比尔·盖茨的现场对话会议；三是微软公司在美国总部举办了一场Windows95的嘉年华，在嘉年华的最后时刻，比尔·盖茨和主持人一起登台亮相，将活动推到高潮。

这样一场声势浩大、转战各地的推广活动，仅仅用了24个小时便完美谢幕，在这期间没有出现任何差错和纰漏。为了这次推广活动，微软公司雇佣了120多家公司，上千人来参与这次活动。这上千人中不乏微软公司的高管、公司外部的软件销售商，也包括当地的零售商。即使有如此多的人来参与活动，每个人都各司其职，出谋献策，并制订了一系列有效的策略和方案。

一个由60人组成的公司营销团队负责整场活动的协调工作；微软产品部门负责制订和执行促销活动；当地零售商在午夜过后营业，时常为95分钟，暗示着Windows95。

是什么让这样一场浩大的推广活动顺利开展并完美谢幕呢？详读故事不难发现，是微软公司的每个部门，每个成员的合作才完成了此次的推广。可以说，如果没有部门和成员的付出，就不会有Windows95的市场推广。

为什么有的团队可以在推广活动中大放异彩、一鸣惊人，但有的团队却将推广活动弄得一团糟？其实原因很简单，团队成员的信念和思想不同，前者的思想是"我们是一个团队，就要有困难一起承担，有成果一起分享"，而后者的思想则是"这又不是我一个人的活，到时候让他们去干吧"。

团队之所以成为团队，是因为每一个成员都有着相同的观念，有着共同的目标，并愿意为了这个目标而共同努力奋斗，"我们是一个团队"的思想早已在他们的脑海中根深蒂固。所以，这样的团队无往不胜。

"我们是一个团队"的思想，可以是成员本身就具有的，也可以是培养和树立起来的。那么，作为团队的掌舵人该如何帮助团队成员树立起"我们是一个团队"的思想呢？

首先，管理者自身就要有"我们是一个团队"的思想。古人有云："治天下必先治己，治己者必先治心；得天下者必先得人，得人者必先得心。"管理者想让成员有"我们是一个团队"的思想，就必须自己具备这种思想。

正所谓"上行下效"，当管理者有"我们是一个团队"的思想，其所作所为必然也彰显出这一点。在管理者的潜移默化下，成员也会产生这种思想，并向其他成员传播这种思想，最终让团队都具备这种思想。

其次，不断给成员灌输"我们是一个团队"的思想。管理者的以身作则虽然可以对成员产生影响，但毕竟需要一个漫长的过程。在这个漫长的过程中，管理者需要用言语和团队行为向成员灌输"我们是一个团队"的思想。

当团队取得成功的时候，管理者要给成员物质或是精神奖励，让他们与有荣焉；当团队遭受失败的时候，管理者也不能将所有过失都推卸到成员身上，而是应该在会议上指出失败的原因，同时也要让成员将团队的失败当作自己的失败，以此来激励他们在下一次做到更好。

再次，将目标融入到每个成员的脑海中。当管理者制订目标的时候，一方面要注意所制订的目标是否是一个科学合理的目标；另一方面则要注意成员是否都认可这个目标，是否能让目标成为成员的共识。

管理者在为成员制订目标的时候，更要为他们制订愿景，让目标与愿景相结合，让他们在目标中看到愿景，在愿景中看到目标。

团队之中的责任感也必不可少。什么是团队的责任感？简而言之，是成员感到对团队和其他成员的义务。在这种责任感的推动下，让团队成员产生共同的使命感与归属感。在"我们是一个团队"思想的凝聚下，强化团队的团队意识，增强成员的全局观念。

最后，管理者要加强团队协作和团队意识的兼容。管理者掌控大局，追随者落地执行，参与者提出建议。团队之间的整体协作是"我们是一个团队"思想的核心所在。协作需要思想的助推，而思想则需要协作的支撑。成员之间仅有协作却没有"我们是一个团队"的思想，这只会让矛盾激化；成员只有"我们是一个团队"的思想是远远不够的，如果没有协作的支撑，那么，这个思想也就只是虚无的存在。所以，管理者必须要双管齐下。

当树立了"我们是一个团队"的思想时，成员之间就会相互关心、互相帮助，从中产生团队主人翁思想，自觉维护团队的集体荣誉，并以此来约束自己的所作所为；当树立了"我们是一个团队"的思想时，成员的能动性便会被充分调动起来，愿意为了实现所有人的愿景而共同努力，从而提高团队的整体效能；当树立了"我们是一个团队"的思想时，成员便会对团队有一种奉献精神，将团队的荣誉当作自己的荣誉，将团队的失败当作自己的失败。在团队的发展过程中，成员会在自己的位置上尽心尽力，为了团队的业绩和发展而甘当配角，为了团队的利益而放弃自己的私利。

"我们是一个团队"不单单是一个口号，更是一种精神，一种"舍小我，成大我"的精神。管理者不仅自己要有"我们是一个团队"的思想，更要让团队中的每一个成员都有这样的思想，这样，团队成员才能具有责任感，团队才能产生1+1＞2的效果，从而带动业绩不断提升。

第六章 有成果一起分享，有困难一起克服

奖励与惩罚到位，员工工作才更加积极

团队成员既有长处，也有短处，这是常态。管理者要做的就是在工作中帮成员规避缺点，充分发挥优点。

人们常说："没有规矩，不成方圆。"但是管理者是否发现，即使有着全面、具体的奖惩制度，团队依然不成方圆。是什么原因造成了这种情况的出现？究其原因，主要是团队中的奖惩制度不到位。

一家公司刚刚成立的时候，由于当时同类公司很少，所以公司发展速度突飞猛进。但过了一段时间之后，该行业涌入了更多的公司，竞争对手也越来越多，公司销售额直线下降。

为了挽救这种局面，提升公司业绩，公司提出了"全民销售"的计划，制订了详细的相关奖励与惩罚制度，并专门开会向全部成员仔细说明。

到了计划的截止日子，大部分成员都完成了公司所制订的目标和销售额，有几个表现优异的成员超额完成了任务，有一小部分成员虽然已经很努力，但是离目标完成有一些差距，但还有几个元老级员工始终没有采取任何行动，所以他们离目标还很远。

果然，在全员努力的情况下公司业绩有所提升，老板对此很

满意。之后，公司按照之前所制订的制度对那些超额完成目标的员工进行了奖励。对那些没有完成目标的小部分成员，老板觉得他们已经有很大进步了，就没有必须再去惩罚他们。而对于那些离完成目标还很遥远的老员工，老板觉得惩罚他们更是不好，他们之前对公司做出了贡献，如果因为一次没有完成目标就去惩罚他们会寒了老员工的心。因此，惩罚就不了了之了。

那些完成目标的成员知道了消息之后有些不满，既然做完做不完没有任何区别，那自己为什么还要每天拼死拼活地工作呢？于是，他们也开始消极怠工。

从那之后，公司业绩又开始下滑。公司只好加强对制度的执行力度，当老板去检查成员的目标完成情况时，发现除了几个表现优异的成员完成了目标，其他完成目标的人寥寥无几。

知道这个情况之后，公司没有办法去惩罚那些没有完成目标的成员，毕竟人数太多。老板也只是对那些没有完成目标的成员进行集体批评，并让他们在下一季度的工作中更加努力。

结果可想而知，下一季度成员的目标依然没有完成，那几个原本超额完成的员工也没有完成目标。

当老板询问原因的时候，他们的回答是："第一次的时候，我们超额完成了目标，公司奖励了我们；第二次的时候，我们依旧超额完成了目标，可公司没有奖励我们，也没有按照制度去惩罚那些没有完成目标的。既然我们超额完成和没有完成的结果一样，那为什么我们还要去超额完成呢？"

当有奖励的时候，成员会努力工作赢得奖励；当有惩罚的时候，成员会努力工作避免惩罚。但如果奖罚不到位，员工就会懈怠；惩罚不到位，员工就会懒散，而管理者想要用奖惩制度来调动员工积极性的目标将永远无法实现。

那么，管理者应该如何运用奖励与惩罚来调动成员的积极性呢？

第一，奖罚相结合，缺一不可。奖励和惩罚是激励的两种截然不同的方式。但管理者在执行的时候必须要两者兼用。有奖有罚，有罚有奖；先罚后奖，先奖后罚；罚中有奖，奖中有罚……

管理者要注意，一定要同时制订奖励与惩罚制度，并严格按照制度执行，不得重奖励轻惩罚，也不能重惩罚轻奖励。为了保证所有成员都能受到激励，管理者必须要让制度以员工最能接受的形式呈现，并且将奖惩制度实事求是地告知给所有成员。

第二，以赏为主，以罚为辅。在奖惩中，管理者必须要知道，如果侧重惩罚，非但不会激发成员的积极性，反而会打击他们。虽然，奖惩制度要相互结合，但是管理者必须要遵循一个道理：可奖不奖者，奖；可罚不罚者，不罚。

管理者在制订奖罚制度的时候，要思考成员的能力和承受力。如果管理者所制订的奖励制度，成员拼尽全力也无法完成，而所制订的惩罚制度，即使成员再怎么努力也无法避免，那么，这样的制度在成员眼中就只是一种摆设。

第三，不要拿成员相互比较。管理者时常会犯这样一个错误：在批评一个员工的时候，通常会拿另一个优秀的成员作比较，惩罚前者的时候，时常会指出后者的优点，希望以此来激励前者。"赏一以劝百，罚一以惩众。"从赏罚的总体效应上来看，这种激励并不能起到正向作用。

管理不狠，团队不稳

如果管理者当众拿两个差、优成员进行对比，那种行为只会让前者觉得自己的行为被当众曝光是对自己的一种惩罚。所以，管理者在执行奖惩制度的时候，充分说明受奖或受罚者的情况，让成员从中受到鼓舞和奖励。在特殊情况下，管理者可以用委婉的方式给予成员暗示，而非指出具体的成员姓名。

第四，私下批评成员。不管是普通成员，还是优秀成员，出现错误总是在所难免的。管理者应该清楚，一些优秀的成员是在不断犯错，不断改正错误的过程中成长起来的。

所以，当成员犯错的时候，管理者绝不能当众批评，因为没有谁不希望在众人面前受到赞扬，希望在没有人的时候受到批评。管理者必须照顾到成员的这种心理，对于成员犯的一些小错误，可以单独将他叫到办公室进行批评教育。

管理者在奖励员工的时候，要及时、真诚且具体；在惩罚员工的时候，要注意批评方式和言辞。只有这样，才能发挥奖惩制度的最大作用。

《韩非子》中说过，奖励与惩罚是管理者的左右手，两者做得好，团队才能万众一心，一心向上；两者若是不能兼顾，团队就会军心涣散，成员离心。所以，管理者只要能将奖励与惩罚做到位，成员才能更积极主动地工作，团队的业绩才能做得更强。

第六章 有成果一起分享，有困难一起克服

"爱哭的孩子"更加没资格"吃奶"

人们常说"爱哭的孩子有奶吃"。在生活中，爱哭的小孩总是能得到大人更多的关心；在工作中，那些喜欢诉说自己工作辛苦的成员，一般会比那些闷头苦干、一言不发的成员得到管理者更多的关注。这其实就是团队中的"爱哭的孩子有奶吃"。

这种情况可以说是司空见惯，但管理者必须意识到，这是一种不公平的管理现象，它会导致成员心生不忿，甚至让成员离开团队。

小李和小王在同一个部门上班。小李专业知识过硬，同时有着吃苦耐劳的精神。上级好几次分配下来的工作都是时间紧、任务重，但是小李从来没有抱怨过，而是加班加点在规定时间内保质保量地完成任务。同时，小李的人际交往能力也很好，不管是谁遇到了难题，只要能帮上忙，他都会积极主动地帮忙。在小李的帮助下，部门的业绩比以前有所提升。所以，周围同事都很相信小李，也很喜欢他。

而小王则是一个刚毕业的大学生，没有工作经验，也不愿意去寻求别人的帮助。有时候，小王的工作总是出现很多基础性的错误，办公室的其他同事并没有过多的时间帮助他，小李知道之

后，总是会帮他解决各种问题。小王经常对小李说："李哥，谢谢啊。要是没有你，我都不知道该怎么办了。"

就这样，半年过去了。到了年底，公司在进行例行的人事调动时，要选一个部门经理。周围的同事都认为小李有很大的机会当经理，毕竟他的付出和努力大家都是有目共睹的，小李自己也是这样认为的。

但是，让所有人都没有想到的是，升为部门经理的居然是没有什么能力，还经常需要小李帮助的小王！

小李知道这件事情之后，既疑惑又生气。后来，在一次聊天中，小李才从同事的嘴里知道了原因。那位同事说，在进行人事调动之前，小王曾经去找过老板，并告诉老板他这半年来兢兢业业，为了按时完成任务不断请教同事，即使是在吃饭睡觉的时候，脑子里想的也还是公司的事情。听到这些话之后，老板对他的印象极好，正好当时部门业绩也有了一个较为明显的提升，所以，老板这才决定让他当部门经理。

"那咱们部门的业绩提高也不仅仅是依靠他一个人呀，咱们大家都付出了呀！"小李愤愤说道。

"没办法，谁让爱哭的孩子有奶喝呢？"同事也只好无奈回答。

过了没几天，小李便将辞职信交给了老板，决定自己创业。而小李离开之后，部门业绩开始下滑……

有时候，管理者只选择去"听"，而不是选择去"看"。所以，他们能听到的都是那些"只会哭"却不干活的成员的声音，看不到那些拼命工作但一声不吭的员工的努力。长此以往，就会出现"爱哭"的成员升职加薪,会干的成员万年底层的现象,最终导致会干却"不爱哭"的成员离开团队。

"爱哭的孩子有奶吃"是管理者在团队管理方面的硬伤。想要团队不会因为"爱哭"和"不爱哭"而产生隔阂,管理者就必须要正确对待那些"爱哭"的成员。

首先,明确知道成员"哭"的原因。有时候,成员"哭"是因为团队内部存在问题;有时候,成员"哭"只是为了单纯的自身利益。所以,当成员"哭"的时候,管理者不要先入为主,认为他是为了团队或是自己的利益,而要经过多方面考虑和观察再下结论。

那些为团队所"哭"的成员,管理者应该按照公司制度对其进行奖励;而对于那些为了自己私利而"哭"的成员,管理者可以根据情况对其进行委婉或是直白的批评,杜绝此类风气在团队中盛行。

其次,不能让"哭"打乱了制度。制度存在的意义是什么?是为了团队的一切行为有所依据。如果成员一"哭",管理者就马上给他"奶"吃,其他成员也会纷纷效仿,他们就会将自己的注意力从"努力工作"转移到"努力去看"上面。

制度是硬性、冰冷的。如果为了让制度变得有人情味,而忽略了制度本身的约束性,那么,制度的存在就毫无意义,它的指导性与激励性也会荡然无存。

最后,将目光多放在那些"不爱哭"的成员身上。的确,"爱哭"的成员可以更早地吸引住管理者的注意力,但是管理者要清楚地知道,不断为团队做出贡献的往往是那些有实力又"不爱哭"的成员。

任正非曾经说过："决不让老实人吃亏"。但很少有管理者能做到这一点，他们往往忽略了自己的眼睛，而更愿意用自己的耳朵去了解情况。所以，管理者有时候要选择性地关闭自己的耳朵，睁开双眼去仔细观察团队中的每一个成员。

有些管理者喜欢听到成员的声音，但是有时候却因为行为方式不对而给员工造成一种"我一诉苦，管理者就会奖励我"的错觉。倾听成员的声音是管理者必须要做的，但是在倾听过程中要注意自己的行为方式是否正确。管理者切不可一听到成员"哭"，就立马给他"奶"吃，因为那些"爱哭"的成员往往没有资格吃"奶"。

如果小孩一哭，大人就给他奶喝，这个小孩将会时时都在哭泣；如果成员一"哭"，管理者就给他"奶"吃，那么，这个成员将会把"哭"当作他赢得奖励和升职的最快方法。长期下去，所有成员都将会在这种不良风气的带动下成为"爱哭"的成员。

想要吃"大锅饭"的请离开

"我每天干这么多活,加班加到八九点,但是工资和别人居然差不多!"

"这个项目的大部分内容都是我完成的,他们也就只动了动嘴,凭什么最后大家的奖励都是一样的?"

"为什么在表扬我的时候,还要表扬他呀?我能力好,干得多,难道在上级眼里我就和那种无所事事、偷懒耍滑的人是一样的吗?"

身为管理者,是否听到了成员的这种心声?当管理者为了让成员更具积极性,一般都采取"法不责众"和"奖则全员",他们认为这样团队中就会有一个所谓的"公平"的良好工作氛围。但恰恰是管理者的这一行为,造成了员工的愤懑情绪。

在很多情况下,这种"公平公正"的现象也是"大锅饭"现象。从表面上看,"大锅饭"早已经被各大企业和团队所遗弃,可实际上"大锅饭"却依然存在团队之中。

一家美容器械销售公司的经理在短短一个月内收到了无数的离职申请,很多有能力的员工纷纷辞职,经理面对着大范围的人才流失,在寻找解决办法的同时也在寻找原因。

管理不狠，团队不稳

在与员工的沟通过程中，这位经理发现这次大范围成员离职的原因竟然是因为工资的薪资体制。这家公司的薪资体制分为两个部分：一是基本工资，二是销售提成。在开始的时候，这种薪资制度在一定程度上激发了成员的工作积极性，公司也有着一个可观的销售额。

但是慢慢地，团队业绩开始下滑，几位优秀的员工也纷纷离开了团队。经理当时认为是因为工资问题，所以便涨了基本工资。但是没想到，涨了工资之后，这种现象不仅没有被遏制住，反而是愈演愈烈。

直到此次大范围辞职，经理才知道了真正的原因：之前的薪资体制虽然是多劳多得，但同时也是不劳也得。有时候，一些员工辛辛苦苦地销售，但是该月业绩也只是一个基本工资，而那些每天玩着手机，刷着网页的员工，也能拿到基本工资。有时候，后者看见前者接待客户，还会对他们和客户的聊天方式指手画脚，这样的行为让前者流失了很多潜在客户。

久而久之，那些努力工作的员工要么也开始消极怠工，要么就直接递交了辞职申请。针对这种情况，经理对公司薪资制度进行了调整：将之前的无责任底薪修改为有责任底薪，并对每个成员制订月销售目标。如果没有达到目标，就按照比例扣除基本工资；如果超额完成，将会对其进行额外的奖励。

渐渐地，公司业绩开始回升。经理对那些始终无法完成销售目标的成员进行了劝退处理。

这种看似"公平"的薪资制度，其实也含有"大锅饭"成分，而这些看似微不足道的成员，却暗中影响着团队的发展。即使是中国大陆第一家在美国上市的教育机构新东方,也曾犯过相似的错误。在一段时间里,新东方人才流失情况极为严重,即使那些人拿着高薪。得知这个情况的俞洪敏,经过多方了解终于知道了他们离职的原因。那些员工不是因为对工资不满意,而是因为他们不满那些每天无所事事的人和他们拿的工资差不多。

知道这个原因之后,俞洪敏对制度进行了修改,即调整考核机制,把考核收益差距拉大。从那以后,新东方人才流失现象有所改变。

在团队中,管理者用"公平"的名义,将薪资、奖励和福利进行了绝对性质的"平均分配"——人人有份,人人平均。但这种所谓的"平均分配"其实就是团队中的"大锅饭"。

这种看似"公平"的"大锅饭"行为,让兢兢业业、认真工作的成员和那些偷懒耍滑、无所事事的成员所得到的收获相差无几,甚至基本持平。这种行为严重忽略了出色员工的汗水,抹杀了他们的付出和努力。这些真正付出的成员得不到自己应得的收获,而那些偷懒耍滑、无所事事的成员却一直被纵容。一旦吃"大锅饭"现象形成风气,那么,优秀出色的成员将会另谋高就,最终吃垮的必然是团队本身。

吃"大锅饭"现象的出现,是因为团队中没有一套合理的制度用来正确评估成员的付出,这样自然无法给予成员真正公平合理的薪资待遇。

管理者想要改变这种现象,真正做到"能者多劳",就必须从以下三个方面着手。

第一,建立积分制考核制度。管理者应该在团队中建立积分制考核制度,在团队中实现真正的"多劳多得、少劳少得、不劳不得"。

将成员每个工作日或是每个星期的工作完成情况进行"打分",然后在月底的时候对整月的工作情况和业绩进行整体评估,并将团队成员进行排名。前三或是前五的成员可以得到额外的奖励,后三或是后五的成员得到处罚。而连续三个月都是后五以内的成员,管理者应酌情考虑辞退。

第二,评估成员能力,将他们放在合适的位置上。如果让铁匠去盖房子,让一个木匠去打铁,那他们将无法发挥自己的价值,除了混吃"大锅饭"好像也就别无选择了。管理者也应该反思一下,自己的团队中是否存在这种"才不对岗"的现象,如果有的话,请立刻进行调整。

如果管理者没有让成员的能力发挥出来,要么他们会选择离开团队,要么他们会选择吃"大锅饭"。明明有能力却无处施展,这不管是对个人来说,还是对团队来说,都是一种不可挽回的损失。

第三,建立二次考核制度。管理者可以建立二次考核制度:第一次是管理者对成员的考核,第二次是成员对成员之间的考核。有时候,管理者并没有全面地掌握每一个成员的工作情况,所以,来自团队成员内部的反馈就极为重要。

第一次的管理者考核,主要是对成员进行一个大致的考核;而第二次的成员考核,则是对成员每日的工作转态进行一个细致的考核。如果一个成员的两次考核都不尽人意的话,就说明他并不适合这个团队。

第六章 有成果一起分享，有困难一起克服

美国管理心理学家斯塔西·亚当斯在其著作《工人关于工资不公平的内心冲突同其生产率的关系》中曾写过这样一段话：职工的积极性取决于他所感受的分配上的公正程度。

当职工对自己的报酬作社会比较或历史比较的结果表明收支比率相等时，便会感到受到了公平待遇，因而心理平衡，心情舒畅，工作努力。如果认为收支比率不对称时，便会感到自己受到了不公平的待遇，产生怨恨情绪，影响工作积极性。当认为自己的收支比率过低时，会产生报酬不足的不公平感，比率差距越大，这种感觉越强烈。这时职工就会产生挫折感、义愤感、仇恨心理，甚至产生破坏心理。而后人也将这种说法成为"公平理论"。

管理者想要实现团队业绩的增长，就必须要打破团队中吃"大锅饭"这一现象，让有能力的人站上"C位"，将那些吃"大锅饭"的成员请走。只有这样，团队才能留住人才，让团队有着不竭的发展动力。

对付"刺头",要比他的"刺"更多更硬

管理者是不是发现团队中总会有那么几个"刺头":经常在公开场合顶撞上级,对团队中的所有制度都不屑一顾,有时候还会在团队中散布一些负能量……

对于这种"刺头",管理者往往极为头疼,因为他们有一定的工作能力,在团队中也有一定的影响力和号召力。虽然他们有时候会顶撞上级,无视制度,但没有严重违反制度,没有到开除的地步。如果放任不管,这些"刺头"将会愈演愈烈,长此以往,或许会影响整个团队的发展和团队;但若是采取雷霆手段,不问青红皂白便进行惩罚,又恐引起整个团队的不满,有时候这种做法是杀敌一千,自损八百。

处于这种两难之地的管理者,就需要用点智慧来解决这一棘手的难题。

第一,冷静应对,各个击破。这些"刺头"除了和管理者对着干,有时候也会"为民请命"。对于这种情况,管理者不要被他们所吓倒,而是应该各个击破,从而化解此次的"危机"。

有一天,一个"刺头"带着三个员工在工作区域大声地问老板:"为什么这么长时间还不给我们加薪?"老板看了看他们

的架势,冷静地说:"有什么事情,我们还是去里面的会议室谈吧。"

老板将他们三个叫到了会议室里,严肃地说:"如果你们只是要求加薪,请一对一跟我谈。因为咱们公司的规定就是不可以在公开场合谈论工资问题。如果我和你们三个一起谈,我和你们就都严重违反了公司的规定。但如果你们的薪资要求是无理取闹的,那你们今天的行为将会被视为顶撞上级,旷工半天。"

看到老板这样的态度,跟着来的那两个员工瞬间老实了,两人悄声交流了几句便一起离开了。看到这种情况,"刺头"也瞬间收敛了许多,解释道:"我其实主要为了他们俩来的,我自己倒是无所谓,毕竟我对我现在的工资还是很满意的。"

"如果你能代表他们,那你就和我谈薪资问题,如果你不能代表他们,还是让他们两个人自己进来和我谈吧。"说完之后,那位"刺头"也无法回答了,只好说了几句抱歉的话便离开了会议室。

有时候,"刺头"是为了给别人出头,这种情况往往"刺头"方面有着较多的人,希望可以凭着人多,给管理者施加更大的压力。在这个时候,管理者绝不能因为他们人多而退缩和搪塞过去,也不能完全按照对方的意思去处理。

管理者要先冷静下来,从他们的言语中找到他们的最终目的。在沟通中要掌握好分寸,要和"刺头"来一场深度的沟通,欲抑先扬。先表达出对其能力的肯定和团队对他的重视,然后再指出对方的不足。

这样的说法往往更能打动那些"刺头",比如"你和其他员工是不同的，你有自己独特的想法，这是你的优点，但同时你需要考虑别人的感受，这样你才能更优秀。"

第二，等待时机，对症下药。除了那些性格使然的"刺头"，团队中还有一种叫作老板家的亲戚。这种"刺头"往往更有底气，也更加嚣张。而对于这种"刺头"，管理者绝不能"硬碰硬"，而是应该采取等待的态度。等他犯了错的时候，管理者再晓之以情，动之以理。

有一名员工是老板的妹夫，仗着自己的身份背景，他向来不把同事放在眼里，即使是对待上级也不尊重。因此，没有人愿意和这个员工一起工作。有一次，他和同事再一次起了矛盾，他仗着是老板的亲戚，就不依不饶地闹到了上司那里。

知道这件事情之后，上司直接将那位员工叫到了办公室里。坐下之后，上级并没有直接训斥他，也没有直接开口询问这件事情，而是先问到："之前开会，我还见你姐夫了呢，他还问起了你的情况。"说到这里的时候，那位员工明显地紧张了，正想说一些什么，上级又说道："我刚夸了你，说你进步很大。但是你今天的这种行为，很让我失望。我相信如果老板知道了这件事情，恐怕他会更失望。今天的事情我不先说你是对是错，但是你想一想，正是因为你是老板的妹夫，更需要表现得比其他成员好。你觉得你现在表现得足够好吗？"

"我……"员工刚想解释。

上司又继续说："那你觉得自己现在的做法和行为是在帮你姐夫树立威信，还是让你姐夫丧失威信呢？"

那位员工张了张嘴，却不知道说什么。

第六章　有成果一起分享，有困难一起克服

"如果我是你，我会告诉自己：我既然是老板的亲戚就更应该起到带头作用，不应该仗着自己有后台就肆意而为。否则，不仅会给团队拖后腿，还会让我的亲戚受到连累。"

听到这里，那位员工涨红了脸，说了一句："对不起，我知道了。"从那以后，那位员工的确收敛了很多，也开始学着和同事相处了。

有时候，那些"刺头"始终嚣张是因为管理者没有在合适的时候对症下药。有时候管理者要等待时机，等到"刺头"犯错的时候，晓之以情，动之以理。这样，往往能起到事半功倍的效果。

第三，强制打压，因势利导。有些员工因为自身有着极高的能力，所以，恃才傲物成了团队中的"刺头"。这个时候，管理者就要学会强制打压，而不是听之任之。

有一个员工能力很强，但也正是因为他的能力强，完全不把上级放在眼里。有一天这个员工拿着自己设计的图纸来到了上级办公室，结果被上级批评的一无是处，刚想反驳，就发现客户那边也来了反馈，意见和上级的大致相同。看到反馈，这名员工瞬间不知道说些什么了。

这名员工修改了一天，却还是没有得到客户满意的答复。直到晚上9点，他还是在办公室里毫无头绪地修改，这时正好上级看到了，便站在了他身边指导他修改。这次，终于得到客户满意的答复。

从那以后，这名员工开始虚心向周围的同事学习和请教。

对于一些职场"刺头"，管理者不要总是想着对他们宽厚，

而是要比他们更"刺",这样才能将"刺头"彻底收服。

其实,对待这些有能力、有后台或者有脾气的"刺头",管理者只要因势利导就能找到应对办法,将他们真正地收入麾下。

07
第七章

有目标的团队才能走得更远

管理不狠，团队不稳

所谓目标，就是变被动为主动

在团队中，管理者不难发现，有很多成员高学历、高能力，但始终停留在原地，不曾进步。有时候，成员也会向管理者诉苦："我总是觉得很迷茫，不知道自己应该做什么""觉得自己不论学什么，都只有三分钟热度，永远都坚持不下来"……

不可否认，团队成员永远都在等待管理者安排工作，他们往往都是被动工作，而非主动请缨。当出现这种情况时，管理者首先要做的不是迁怒于成员，而是应该从自身寻找原因，看身为管理者的自己是否告诉了成员未来的目标。

对团队而言，目标是一个关键性的存在。跆拳道馆的墙壁上会挂着"你的目标是黑带"的标语，高三的教室会挂着"冲刺xx天，考入重点"的标语，就连工地上也会有着"大干100天，确保主体封顶"的标语……这一个个看似简单的目标，却时刻提醒着每个学员艰难训练的目的，也时刻激励着工人早日奔向终点。

其实，不管是小型团队，还是大型企业，都必然有着目标。没有目标的团队，就像是没有头狼的狼群，虽然成员能力出众，敢闯敢拼，但团队始终只能踌躇不前，在原地徘徊。

1984年，刚刚成立的海尔年度销售收入仅有348万元，公司已资不抵债。但是35年过去了，如今的海尔年销售额高达数百亿元。海尔不但没有湮灭在发展的洪流之中，还成为全球大型家电品牌。2018年12月，世界品牌实验室编制的《2018年世界品牌500强》揭晓，海尔名列第41名。

在短短的35年中，海尔是如何做到从名不见经传到家喻户晓，享誉全国的呢？其实，海尔的成功不仅是因为整个企业的上下协力和先进技术，更是应该归功于所制定的明确清晰的发展目标。海尔在不同阶段为自己制定了不同的目标。

第一阶段：1984~1991年。在这个阶段中，海尔的主要目标是经营冰箱，希望可以通过冰箱这一产品，紧抓质量和服务打开市场，并扩大其品牌影响力。

在此期间，发生了一件影响力极大的事件——张瑞敏"砸冰箱"事件。而这个事件更是为海尔奠定了良好的信誉，成为当时海尔追求产品质量目标的一个典型缩影。张瑞敏这一锤子砸的是冰箱，也是海尔成员的心。从那之后，海尔员工深刻意识到了产品质量的重要性，并始终将质量做到最好的目标铭记于心。

第二阶段：1992~1998年。在这个阶段中，海尔将"兼并重组"当作自己的发展目标，先后共兼并了18家亏损企业。在每一次的兼并中，海尔都会掌握一家企业的发展理念与专业技术。在无数的研究与学习之中，海尔为无数用户提供了一系列完整的家电解决方案。

目标是团队的关键所在，有了明确的目标，团队才能有前行的方向和行动的动力。目标又包含以下三大要素：在什么样的时间达到什么样的效果；在实施过程中，又该采取怎样的措施；在团队发展中，管理者必须要告诉成员应该如何做。

有时候，一个看似简单的目标可以帮助团队从迷茫中走出来，让成员由被动变主动。那么管理者在为团队设定目标的时候，应该设定怎样的目标呢？

第一，目标必须清晰明确。想让成员在目标的激励下产生效果，首先这个目标必然是清晰明确的。只有清晰明确的目标才具有指导性。很多时候，团队效率低下，成员消极怠工，就是因为管理者所制定的目标太过笼统。

那么，什么才是清晰明确的目标呢？就是用具体的语言向成员清楚地讲述所需达到的标准。比如"将产品的质量提高"这种目标就太过笼统；但"将原本合格率仅为60%的产品质量提升到80%的合格率，加强对产品的研发，规范生产流程，层层把关"的这种目标便属于清晰的目标。

第二，目标必须有一定的衡量性。清晰明确的目标必然具有衡量性。如果有一天管理者问团队："你们离实现目标还有多远？"成员的回答有时候会是："我们早就完成了。"这个看似完美的回答，有时候会让管理者与成员产生分歧。原因便是管理者没有给成员一个可衡量的标准。

管理者在制定目标的时候要遵循"能量化的量化，不能量化的质化"这一衡量标准，使管理者与团队成员都有一把统一的"尺子"。因此，管理者要杜绝在设定目标的时候使用概念模糊、无法衡量的目标。

而目标的可衡量性可从五个方面来表现：一是数量多少；二是质量好坏；三是成本高低；四是时间长短；五是管理者满意程

度如何。管理者需要将这五个方面细节化，以此来达到目标的可衡量性。

第三，目标必须具有可实现性。目标的设定必须建立在客观实际的基础上，还应结合成员自身的能力去设定，而非天马行空，纸上谈兵。有些管理者喜欢根据自己的想法给团队制定目标，毫不考虑成员的实际情况。"你看，我一开始就说我自己做不好这个，你却非要分给我。"没有完成任务的成员往往会在最后这样为自己开脱。

所以，管理者在制定目标的时候要坚持成员参与，彼此之间相互沟通，使目标成为每个人不断前行的动力，而非累赘。这样，既可以让工作内容充实，也具有可实现性。换言之，管理者最终制定的目标一定是"捕鱼"的目标，而非"捕鲸"的目标。

第四，目标必须具有时限性。任何目标都必须有时限性。没有时限性的目标就相当于没有目标。成员总是喜欢先做那些有时限性的工作，而对于那些没有时限性的工作总是一拖再拖。当管理者去问任务进度的时候，成员总会回答："我还没开始做呢。您没有说时间限制，我还以为不着急呢。"这种情况屡见不鲜，管理者暴躁不已，成员觉得委屈。

所以，管理者在为成员制定目标的时候，可以根据工作的轻重缓急，拟定出完成时间，并在此阶段不定期检查任务进度，掌握任务的进行情况。

目标是每个成功团队的必备因素。目标既指明了成员前行的方向，也有利于让成员从被动变主动，从而实现团队的高效运转。

管理不狠，团队不稳

告诉大家：努力是为了梦想，而非干活

当成员在面对高挑战的时候，有些成员始终不曾退缩，即使管理者没有鞭策他们，他们依然劳心劳力，及时并且完美地完成任务。但也有成员在干一些力所能及的工作时，拖拖拉拉，使原本一项很简单的工作被弄得一团糟。

难道这一切的区别就只是成员能力的差距吗？也不尽然。有时候，决定成员干劲的不是能力，而是梦想。

约翰在《变革》一书中曾讲过一个关于"苹果树"的故事。

有这样一个场景：天空灰蒙蒙的，公园中有30个人，他们每10个人一组，被分为三组。马上就到了午饭的时候，而灰蒙蒙的天空却昭示着即将到来的大雨。

第一组：一个人站了起来，对其他人说："都站起来，跟我一起走。"说完这个人就起身走了，剩下的9个人有的人跟了上去，有的人却始终坐在那儿。过了一会儿，说话的人看到有人没有跟上他，便急冲冲地跑回来，大声地喊道："你们没听见吗？马上起来！"这个时候，剩下坐着的人才慢悠悠地跟上其他人。

第二组：一个人站了起来，对其他人说："我们现在必须离开这儿。你们都站起来，然后不要跑，每个人之间都保持半米的

距离，一起朝苹果树的方向走。大家走的时候一定要仔细看看，别把自己的东西落在这里……"

第三组：一个人站了起来，却只说了两句话，便让所有人跟着他一起离开了。他说："应该还有几分钟就下雨了，现在我们正好有时间走到那边的苹果树下休息。这样的话，我们不仅不会被淋湿，还能摘一些新鲜的苹果吃。"

想象一下，哪一组的人是最心甘情愿走向那颗苹果树的？或者如果你是这30个人中的其中一个，哪一种说法会让你自发地走向苹果树呢？

毋庸置疑，第三组的说话方式是最能吸引打动人的。在团队中，也经常存在这三种管理者。第一种情况的管理者是"发号施令"型，这样的管理者往往会让成员反感，也很难让成员信服。在很多情况下，管理者会发现这种方式往往都是徒劳无功，甚至是事与愿违的。

第二种情况的管理者是"呕心沥血"型，这样的管理者总是事无巨细，细化每一位成员的工作，希望可以通过这种方法来避免成员的错误。但是随着团队的不断发展，成员人数的不断增加，管理者所消耗的精力会越来越多，工作量也是与日俱增，而团队中那些自主意识极强的成员都难以长时间接受这种管理。

第三种管理者是"梦想激励"型，这样的管理者往往是团队成员最乐于接受的。这样的管理者会给成员描绘梦想，用梦想来激励成员，让他们从内心深处汲取力量。在梦想的激励下，成员所奋斗的目标是梦想，而不是单纯的一项工作。

❗管理不狠，团队不稳

其实，梦想激励法并非现代管理的产物，而是自古有之。望梅止渴，一个从三国时期流传至今的故事。曹操第三次越巢湖伐吴的时候正是天气最为炎热之时。在行军过程中，兵士们口渴难耐，但是大军又没有足够的水。眼看着大军无法继续前行的时候，曹操站在山道上。手指着远方告诉所有人："前面有大片的梅林，只要大家翻过这座山，就能吃到那些解渴的梅子了"。

大军听到之后，果然加快了行军速度。在翻过山之后，大军又走了一段时间之后，便走到了濡须河中游，解决了口渴的难题。

有人说，这是曹操的奸诈所在，但也有人说这是曹操智慧的体现。的确，在整个大军都因为口渴而无法前行的时候，曹操为他们描绘了一个美好的梦想，让他们继续前行，而且毫无怨言。

望梅止渴的智慧被很多管理者所忽视。如果在大军都无力前行的时候，曹操还一直催促着他们赶路，有多少人会心生不满呢？曹操没有采取这种愚蠢的做法，而是告诉他们：前面是梅子林，走到那里，你们就可以解渴了。因此，大军都忘记了自己是在为曹操赶路，而是都认为是在为自己赶路。

团队管理亦是如此，管理者要告诉成员他们现在所做的一切，所付出的努力不是为了给团队干活，不是为了给团队谋求利益，而是为了实现成员自己的梦想。只有这样，成员才会心甘情愿地工作，才会以更大的干劲去干活。

那么，团队的管理者应该如何为成员说明"梅子"的存在呢？

第一，向团队成员描绘未来的发展方向和前景。每一位成员都应该清楚地知道团队未来的发展方向,在发展方向的指明下,成员才能看到自己未来的发展方向。因此,管理者应该向成员明确方向,并竭尽自己所能,让每一个成员都了解并认可。

管理者在为成员描绘未来的时候,应该注重成员的参与性。如果成员对管理者所制定的方向和前景毫无参与感,久而久之,他们将会认为这一切都只是水中花,镜中月,与自己毫无关系。

第二,让企业的发展方向和成员的梦想相融合。无数事实显示,当成员的梦想与团队的未来相融合,那么成员就会产生极大的驱动力,使成员具备极高的敬业精神。在这样的情况下,团队成员便会转变自己的想法,从"我干多少也是给公司干的,而不是给我自己"转向"我要为实现自己的梦想而努力奋斗"。

在这样的思想转变下,成员将会体会到干活不仅是为了谋生,更是为了实现自己的梦想,在梦想的指引下,他们便会不断地努力奋斗。

第三,让团队成员看到真正的"梅子"所在。"望梅止渴"只是第一步,如果管理者始终停留在这一阶段,那么成员将会认为"梅子"的存在只是一场彻头彻尾的骗局。所以,管理者应该通过合理的制度建设让成员认识到"梅子"和自己的确是存在关系的。

"梅子"是成员拼搏努力后的成果,而不应该是虚拟的存在。管理者必须要将"梅子"真正地分到每一个成员手中。当成员得到"梅子"之后,他们就开始希望得到"梅树",才会越来越有干劲,从而推动团队的高速运转。

有时候,员工缺少的不是薪资,而是梦想。有些管理者为成

❗管理不狠，团队不稳

员支付了高额的薪水，但员工却始终无精打采，最主要的原因就是管理者没有告诉成员：你努力是为了实现自己的梦想，而非是为了给别人打工干活。

职场不是马拉松，一个团队必须整齐划一

每年的9月到11月，加拿大境内的大雁都会结队南飞，去往美国的东海岸过冬。等第二年春天来临，他们再结队飞回到加拿大繁殖。

从加拿大到美国，一条长达万里的航程中，不仅要躲避猎人的枪口，避开海上的狂风暴雨，有时候还得经历恶劣的天气环境。但即使是在这样的情况下，大雁还是每年都能往返于加拿大与美国之间。

在大雁飞行途中，它们会一字排开呈"V"字型。当每只大雁展翅高飞的时候，它们会帮助后面的大雁减少空气阻力，整个雁群都是省力的飞行模式。如果大雁偏离了雁群，那么它将会发现单飞困难重重。

其实，团队就像是这个雁群。每一个团队成员都应该互帮互助，协同共进。有时候，团队成员会出现争高低的现象，这在一定程度上会激发其他成员的活力。但是，如果这种意识长时间存在，并愈演愈烈，那么将会影响团队的凝聚力。

管理者有时候会将职场看作是一场马拉松比赛，只要成员跑得够快，就可以成为赛道上的第一名。但实际上真的如此吗？当

! 管理不狠，团队不稳

然不是。一个团队之所以成为团队，是因为他们是一体的，他们的目标和行动都是一致的。

有一位管理者在团队发展过程中，发现了一名能力很弱的成员。为了团队快速发展，这位管理者便决定让这位成员离开团队。本以为这位成员离开之后，团队的发展会越来越好，但是管理者却发现，这个团队的整体效率反而下降了。

有时候，团队的整体效率取决于能力最弱的成员，而不是能力最强的成员。管理者不要认为将能力最差的成员踢出去，就可以换来高效。

另外，管理者不要将所有的注意力都放在优秀的成员身上，而要将更多的目光放在其他成员身上，让团队的每个人都始终保持着整齐划一的节奏。

有一天，牧师问上帝："天堂和地狱有什么区别呢？"上帝没有回答这个问题，反而带着牧师来到了一个房间。

这个房间里的人都围着一锅肉汤，每个人手中都握着一个长长的汤匙，但是他们却没有一个人可以喝到汤。因为他们每个人手中汤匙的手柄太长了，谁都无法喝到汤，每个人脸上都充满着绝望。

之后，上帝又将他带去了另一个房间里。这个房间里的东西和第一间的完全相同。可是这里的人们脸上都露出了满足的笑容。为什么呢？因为这里的人会将自己汤匙里面的汤送到对面的人的嘴里，所以这里的人们每一顿都能吃得很饱，也很满足。

从这两个房间出来之后，上帝就告诉这个牧师："这就是天堂和地狱的区别。"有时候，团队亦是如此。失败的团队的每个成员都是只想着自己，希望自己可以在这个马拉松的赛道上遥遥领先，但往往事与愿违。而成功的团队的成员却时时刻刻想着别人，他们互帮互助，这样的意识让他们形成了极强的凝聚力。

成员如果没有团队意识，所有人都各行其是，那么这个团队的目标将永远无法实现。

那么，管理者应该如何保持团队成员的整齐划一呢？

第一，经验与信息共享。共享一词曾经随着"共享单车"的兴起而风靡一时，而在团队中，共享也占据重要位置。每一个成功的团队都不可能是消息闭塞的团队，都不可能是成员之间从不交流经验和信息的团队。

管理者应鼓励团队之间交流分享。分享主要分为两方面：一方面，分享经验，成员的经验分享可以让其他成员汲取经验，并根据其他人的经验弥补自己的不足；另一方面，分享信息，信息分享可以让团队成员时刻了解市场中的最新情况，并及时作出相对的对策。

第二，加强对成员的培养。一个团队想要实现高效，就必须提高每一个成员的能力。被誉为"美国最佳管理者"的GE公司总裁麦克尼尔曾经对外宣称，GE每年的员工培训费用就达5亿美元，并且将成倍增长；而惠普公司内部则有一项关于管理规范的教育项目，而这个教育项目的研究经费每年都高达数百万美元。为什么两个产品知名度极高的企业每年会花费这么昂贵的价格来对每一位员工进行培训呢？

因为他们知道，团队之所以可以壮大，就是因为他们对员工的培训，这个培训不仅可以补充他们的专业知识，还可以让那些能力较弱的员工追赶上那些能力较强的员工,一同成为企业中的中坚力量。

第三,时刻牢记所有人都是一体的。管理者必须要时刻记得,职场并不是马拉松比赛,团队更不是马拉松比赛的赛道。同时,管理者也必须告诉自己的团队成员,在团队中的所有人都是一体的,没有谁可以摆脱团队独自向前。就像是狼群,只有一同前进,才能获得自己的食物。

团队,之所以被称之为团队就是因为其中的所有成员共进退,这才是一个团队的真正精髓所在。

目标越清晰,道路就越好走

美国哈佛大学曾经做过一个很著名的跟踪调查,调查对象是一群智力、能力和学历都相似的学生。调查结果显示:这群学生里面有27%的人对未来的生活没有目标和规划,60%的人有目标,但是目标模糊,10%的人有清晰的目标,但却是短期的,只有3%的人有清晰且长远的目标。

25年过去了,同一个学校毕业的学生们的工作状态不尽相同。27%的没有目标和规划的人生活在社会在底层,不管是生活还是工作方面他们都不如意。他们经常失业,三天打鱼,两天晒网,有时候还需要社会救济。60%的目标模糊的人生活在社会中下层,他们有着一份安稳的工作,但是并没有什么出色的业绩。13%有清晰的短期目标的人生活在社会的中上层,他们在工作中表现优秀,成为了行业中不可或缺的专业人才。3%有长期目标的人生活在社会的上层,是各行各业中的翘楚。

正如空气对于生命,目标对于生活也有着重要的指导作用。没有空气,无法生存;没有目标,便没有成功。

清晨加利福尼亚海岸被笼罩在浓雾之中。一个30岁左右的女人迈进了太平洋中,她的最终目标便是加利福尼亚海岸。如果她成功游过去，那么她就是第一个游过这个海峡的妇女。

海水冰冷的，海上雾气很大，连护送船上的人都看不见前方的情况。时间一分一秒地过去，无数的民众在电视里都注视着这名妇女，见证着她的成功或是失败。

15个小时过去了，疲惫席卷而来，她觉得自己已经坚持不下去了。她想让救护船上面的人拉她上去，但是在船上的母亲和教练告诉她，现在已经离海岸很近了，再坚持一下就能到达目的地。但是这名妇女朝远方望去，看到的不是她的目标，而是厚厚的浓雾。几十分钟之后，这名妇女还是让人把她拉上了船。但，拉她上船的位置离终点只有半英里。

这名妇女就是费罗伦丝·柯德威克。事后，柯德威克告诉记者，真正让她感到无力的，不是寒冷和疲惫，而是对前进目标的迷茫。

两个月之后，柯德威克再一次挑战这个海峡，而这一次，她成功了。柯德威克不仅是第一位游过该海峡的女子，而且还比男子记录快了近两个小时。

一个人在比赛之中尚且需要目标，更遑论一个团队。管理者必须要知道，团队需要的不仅是一个目标，更是一个清晰的目标。越清晰的目标，越能让成员立刻行动起来。什么是清晰的目标？清晰的目标不仅有清晰的截止时间，更要包括实现目标的具体步骤。

第一，将大目标分成一个个小目标。在东京国际马拉松的邀请赛中，从不被人熟知的选手山田本一夺得冠军，成为了比赛的黑马。当记者问到他成功的原因时，山田本一的答案只有简单的一句话:"凭智慧战胜对手"。

看着眼前这个矮个子的冠军,所有人认为这是侥幸,毕竟马拉松凭借的就是参赛者极好的体力和极好的耐力,所以当山田本一说出是"凭智慧战胜对手"的时候,仿佛并不能令众人信服。两年后,山田本一参加了米兰的马拉松比赛,再一次折桂。当被再次问及成功秘诀的时候,他的回答依然是"凭智慧战胜对手"。

这一次,没有人会再怀疑山田本一的智慧了。十年之后,众人才知道了山田本一的智慧究竟是什么。

山田本一在其自传中写道:"每次比赛之前,我都要乘车把比赛的路线仔细看一遍,并把沿途比较醒目的标志画下来。比如第一个标志是银行,第二个标志是一棵大树,第三个标志是一座红房子……这样一直画到赛程的终点。比赛开始后,我就以跑百米的速度,奋力地向第一个目标冲去,过第一个目标后,我又以同样的速度向第二个目标冲去。起初,我并不懂这样的道理,常常把我的目标定在40千米外的终点那面旗帜上,结果我跑到十几公里时就疲惫不堪了,我被前面那段遥远的路程给吓倒了"。

一个宏大的目标可以给成员指引未来的发展方向,但是能坚持下去,走到终点的成员却是寥寥无几,因为那些大目标离他们太遥远了。所以,管理者有时候不要只告诉员工未来很美好,我们的目标很伟大。而是应该告诉他们整个团队未来发展的总体目标,并在奔向目标的过程中,不断告诉他们一个清晰且可实现的小目标。只有这样,成员才能在前进的路上拥有无限的精力和希望。

管理不狠，团队不稳

第二，为目标制定一个可执行的计划。管理者为团队所设定的目标都无法实现，有时候不是因为成员问题，而是因为目标设定的问题。罗杰斯说过："人们应当设立通过努力可以达到的目标，而那些不可能实现的目标，高而不可能达到的目标，只不过是美丽的泡沫，终究是要消亡的。"

曾经有一个推销员，第一年就拿到了5万元的薪水。于是，他第二年就告诉自己今年要拿到6万元的薪水，到年底，他的目标又实现了。然后第三年，这位推销员认为自己的能力已经很优秀了，所以就将目标定到了15万元。但很可惜，这次的他，并没有如愿达到目标。

为什么达到6万元的薪水，却达不到15万元的薪水？答案很明显，因为目标是根据实际情况所制定的，而不是盲目设定的。

所以，管理者在设定目标的时候，应该根据实际情况设定，而不是根据自己的妄想去设定一个根本无法在规定时间内完成的目标。目标不是笼统而模糊的，而应是现实且清晰的，只有在这种目标的指引下，成员才能为实现阶段目标而不断努力，而不是为了那个模糊而过高的目标而瞎忙。

一艘轮船在大海中迷失方向，那它将会在迷茫中耗尽燃料，永远无法达到岸边。同样的，一个团队如果在前进途中失去目标，那它将会在茫然中丧失动力，直至团队溃败。目标就像是团队的指南针，目标越清晰，那么成员在前进的道路上就会越好走，越坚定。

第七章 有目标的团队才能走得更远

梦想不是妄想，不要设定没有可能的目标

2016年，王健林做客《鲁豫有约》。在谈及对创业者建议的时候，王健林说："很多年轻人，有自己的目标，比如想做首富是对的，但是最好先定一个小目标，比方说我先挣它一个亿。你看看能用几年挣到一个亿。你是规划五年还是三年。到了以后，下一个目标，我再奔10亿，100亿。"

这本是一期普通的节目，没想到王首富的一句话却意外走红网络，"先定一个小目标，挣它一个亿"。当时所有人都纷纷调侃："实现这个小目标，就是我的梦想。"

但是这种"先实现挣一个亿的小目标"究竟是梦想还是妄想？在百度的解释中，梦想是对未来的一种期望，指在现在想未来的事或是可以达到但必须努力才可以达到的情况；而妄想则是一种不理性、与现实不符且不可能实现但坚信的错误信念。

对于有的人来说，"一个亿"的确是一个小目标，但对于有的人来说，"一个亿"就是一个遥不可及的存在。管理者在团队发展过程中，也必须清楚知道，自己为团队所设定的目标究竟是梦想还是妄想。

有一个保险员在刚刚进入公司的时候，雄心壮志地表示自

管理不狠，团队不稳

己要一年之内挣到100万元。他的主管就跟他说："你有没有想过，你要为你自己的目标做出多大的努力？根据保险行业的佣金提成，100万元的佣金差不多需要300万元的保险业绩。一年300万元，那么你一个月就需要有25万元的业绩，而你每天要有8300元的业绩。这样算下来，你知道你每天需要外出拜访多少客户吗？"

还未等保险员回答，这位主管继续说道："每天差不多需要拜访50个客户。那我们再推算回去。你一天需要拜访50个客户，那一个月的拜访量就是1500个，一年就是18000个。"

听到这些数据的保险员愣住了。主管看着他继续问道："这还不是最终的拜访量。"在保险员震惊的表情下，主管继续为他算到："你现在刚步入这个行业，不要说一个A级客户了，你连一个普通客户都没有，那么这就意味着你需要依靠陌生拜访去拓展你的客户量。一个陌生客户差不多要谈上20分钟，客户才能认识你。而你一天想要拜访50个客户，就意味着你需要花费16个小时来让他们认识你，这还不算你的路途时间。

"除此之外，你还要知道，你每天所拜访的50个客户并不一定都能在你这里买保险。你或许需要3个月，甚至半年的时候来获得他的信任。现在，你确定你能做到一年收入100万元吗？"

听到这里，保险员只能摇了摇头。主管继续说道："其实，有很多保险员像你一样，在刚来的时候都觉得自己一年就能挣几十万甚至一百万。他们往往将自己的妄想当成自己的梦想。然后在自己的'希望'落空之后，离开了这个不能实现他们'梦想'的地方。"

管理者是不是有时候也会像这个保险员一样,为自己和团队设定了一个根本不可能实现的目标,并将其视为团队的梦想?

微软公司创始人比尔·盖茨曾说过:"做生意要量力而行,我们不能做公司能力范围以外的生意。"翻开比尔·盖茨的创业履历不难发现,他为微软所设定的目标都是可实现的目标。梦想,是每个成员努力工作的基础所在。只有在充分认知和认可的基础上,成员才能为之而奋斗不息。

梦想可以助力团队继续前行,而妄想就只能让成员心生不满。所以管理者在设定目标的时候,要放弃那些大而空的目标,设定那些"跳一跳就能够得到"的目标。

第八章

培养危机意识，共同进步

管理不狠，团队不稳

最危险的事情莫过于自认为安全

19世纪末，美国康奈尔大学的科学家做了一个很有意思的实验。在这个实验中，科学家先将青蛙放在已经煮沸了的热水当中。结果青蛙在高温的刺激下，迅速从沸水中跳了出来。

之后，科学家又开始了他的第二个实验。他将青蛙放到了盛有冷水的器皿中，然后再慢慢加热。随着冷水的温度逐渐升高，青蛙没有做出任何反应，始终在水中悠闲地待着。水温的不断提升，当青蛙想要跳出器皿的时候已经没有力气跳出来了。

当时的人们将这个情况称之为"温水煮青蛙"，并通过这个实验得出了一个结论：如果一个人长期待在一个安全的环境之中，那么她将会丧失警惕心和奋斗的动力。

100多年过去了，虽然有人对这个实验产生了不少的质疑，但是对实验的结论却是深信不疑。古人曾说："生于忧患，死于安乐。"无数事实也证明了，最危险的事情就是自认为身处于安全位置。不管是个人还是团队，一旦陷入"安全"的桎梏之中，也将意味着一步步走向"失败"的陷阱。

拥有着100多年历史的诺基亚，终究在人们的目送中退出了历史的舞台，也终止了它辉煌的时代。

第八章 培养危机意识，共同进步

诺基亚，于1865年成立于芬兰，而最开始的诺基亚只是一家木材纸浆厂。而在1994年到2007年，诺亚基异军突起，成为芬兰最大的跨国公司，也成为全球最大的手机厂商，更是用户拥有最多的手机品牌。当时的诺亚基，不仅是手机的象征，更是身份的象征。

但是，当安卓系统崭露头角，苹果系统初露锋芒的时候，诺基亚却还是坚守着自己的塞班系统，不肯接受新生事物的出现，看不到自己将要面对的危机。

直到诺基亚被微软收购时，一位CEO还曾发言："我们什么都没做错，但不知为什么，我们输了。"

这不仅是诺基亚CEO的疑问，更是所有人的疑问。为什么曾经辉煌一时的诺基亚瞬间跌下不败神坛？追究原因，还是因为诺基亚成功的时间太久了，久到它觉得自己将会是市场中最安全的存在，久到它忘记了"长江后浪推前浪"的危机。这才导致诺基亚最终一步步走向没落，大厦倾塌。

所以，不管是企业，还是团队，可怕的事情不是感到危险，而是始终感到安全。

当整个团队，包括团队的管理者都认为现在正处于一个安全期时，那么也将意味着这个团队正陷入危险之中。当一个团队自认为安全的时候，就意味着这个团队丧失了危机意识，也失去了最佳的挽救时机。所以，居安思危的意识是管理者不可或缺的意识。

那么，作为管理者该如何让团队意识到危险呢？

第一，眺望未来，不沉迷于已有的成功。"团队以前就是这

! 管理不狠，团队不稳

样做的""按照现在的这种模式，团队发展得也很好呀"当管理者提出团队革新或是产品创新的时候，团队成员有时候总会用这样的说法来拒绝。但是如果管理者真的听信了成员的这种话，这不仅阻碍了成员个人的发展，更是牵绊住了团队的整体发展。

通常情况下，当周围环境变得稳定，当危机意识从团队中散去，团队成员将会变得懒散和不思进取。长此以往，团队也将会成为落伍者，甚至是淘汰者。

所以，管理者可以用以往的成功来激励员工继续进步，但绝不能时时刻刻提醒着成员他们的成功，否则他们将会沉浸在过往的成功中骄傲自满。有时候，管理者不仅需要用成功激励员工进步，也更应该用失败来激励成员不要懈怠。只有这样，成员才不会始终满足于现有的成功，自觉督促自己不断进步。

第二，暂无危机，也要为团队制造危机。孟子有云："生于忧患，死于安乐。"这句箴言总是在失败来临之时才会在管理者耳边嗡然回响。在这个迭代更新的时代，企业如果没有危机感，那么企业就会受到挫折；如果团队没有危机感，那么团队就会被淘汰。

因此，无论团队发展多么顺利，"危机"都是不可缺少的发展因素。当团队中不存在真正的危机时，管理者就需要利用各种条件为团队传达危机意识。当危机存在于团队时，成员就会形成"我们一定要走出困境"的凝聚力，以此来保证团队的敏锐度和活力。

近几年，重庆长安汽车在国内市场异常醒目，凭借着2015年年度近280万辆的销售额，它一跃成为国内第一的汽车自主品牌。

即使长安汽车已经成为了市场中的后起之秀，创下了卓越的业绩，但是长安汽车的管理者却从未自认为安全。副总裁朱华荣曾说过："我们算不上成功，我们每一天都如履薄冰。"这绝不是自谦之话，而是他们团队内部始终保持着的危机意识。

长安汽车的历史可以说是源远流长。长安汽车脱胎于1862年李鸿章创办的上海洋炮局，随着时代的不断变迁，它曾先后更名为金陵兵工厂、长安机器厂。直到1953年，长安汽车才正式进军汽车行业。近百年的历史，长安汽车亲眼见证了时代的沧桑，所以危机已经存在于长安汽车每一个成员心中。

为了在瞬息万变的市场中占得一席之地，长安汽车始终坚持自主开发与创新，每年都将5%的销售收入投入到正向开发中。此外，长安汽车不断吸收借鉴国外先进技术和研发经验，而这些恰恰成了长安汽车的制胜法宝。

在取得了市场的成功之后，长安汽车始终没有放松自己的脚步，在管理者的鞭策下，成员始终保持着清醒的头脑，适当的危机感。随着近年来新能源汽车的兴起，长安汽车更是率先发展新能源汽车战略，即香格里拉计划。

团队的成功绝离不开团队的危机感，管理者想让团队变得更强大，希望团队可以成为常青树，就必须在团队中营造危机感。只有在危机的调动下，才能充分调动成员的积极性。人们常说，想让大象跳舞，最好的方式就是点一把火。同样的，想要团队始终保持着无限的精力与动力，点燃危机意识的火苗也是必须的。

管理不狠，团队不稳

身后有狮子追逐，羚羊才会拼命奔跑

在一望无际的非洲大草原上，清晨的太阳悄然升起。一只羚羊从睡梦中猛然惊醒，它将身边的羚羊叫醒，并对它说："今天还是要赶紧跑，要不我们今天就要被狮子吃掉了。"

于是，羚羊就起身朝着太阳的方向跑去。当身后没有狮子的时候，羚羊会悠闲地吃着青草，但是如果它们的身后出现了狮子，它们将会拼命奔跑，直到摆脱身后的狮子。

当身后有狮子的时候，羚羊才会拼尽全力奔跑，因为它明白，如果它不拼尽全力，那么它将会成为狮子口中的食物。

自然界的生存规律如此，团队的生存法则亦是如此。一个团队只有身后有对手的追赶，才能向前奋力奔跑。一个团队有没有竞争力，主要看团队成员有没有竞争力，而团队成员的竞争力则来自于危机感。只有存在危机感，才能有动力，才能产生竞争力。

奔驰公司董事长埃沙德·路透的办公室挂着一幅巨大的恐龙照片，照片的右下角写着这样的一句话：在地球上消失了的，不会适应变化的庞然大物比比皆是。

通用电气公司董事长韦尔奇曾说："我们的公司是个了不起

的组织，但是如果在未来不能适应时代的变化就将会走向死亡。如果你想知道什么时候达到最佳模式，回答是永远不会。"

微软公司原总裁比尔·盖茨也曾对自己的成员说："微软离破产永远只有18个月。"

而最令人吃惊的就是，正处于蒸蒸日上阶段的华为会对自己的员工说："我们今年可能就活不成了。"

不管是正处于年轻力壮时期的羚羊，还是正处于蓬勃发展阶段的企业，都必须具有一定的危机感。

三株集团，曾经是国民的骄傲，但是到了故事的末尾，它却成为了国民的伤疤。三株集团创始人吴炳新父子，在全国保健品行业正处于低潮时的异军突起，用了短短三年时间将其打造成全国家喻户晓的品牌，成为当时业内"独孤不败"的存在。

刚成立之初的三株集团，在广告策略上选择了"人海战术"和"地毯式广告轰炸"，但与之前衰落的保健品牌不同，三株除了常规的广告之外，还将大量费用投放到企业形象中，也是当时第一个将企业形象当作广告投放的企业。这一系列的行为让三株的销售额直线攀升。

然而，这样的"日不落帝国"却还是在一夜之间瞬间崩塌。除了当时轰动一时的"八瓶三株喝死一条老汉"的负面新闻之外，还由于三株自身的管理缺陷。

吴炳新在日后的采访中谈到了"三株的15大失误"，其中就有两条：分配制度不合理，激励机制不健全。在转轨以前，是"干的不如坐的，坐的不如躺的，躺的不如睡大觉的"，组织人事工作和公司的发展严重不适应。人事考评机制不规范，没有制度化的考评程序……吴斌新所提出的这两条失误，从表面上看是没有为企业构建一个合理的制度，但是再深挖一下就不难发现，制度的不合理让所有员工都失去了危机感，他们都觉得自己干不干都不会失去自己现在的工作，依然可以在三株集团待下去。即使当三株面临绝境之时，团队成员还是不改往日的工作状态，这也是导致三株日薄西山的原因之一。

所以，管理者想要团队长久健康地发展下去，就必须要让团队成员时刻保持危机感。

第一，管理者要设立合理的竞争制度。海尔是全球大型家电品牌，而海尔团队强大的竞争力正是因为他们内部所提出的"赛马不相马"的管理理论。其具体内容就是每一个工作岗位都有标准，进行定期考核。考核合格的成员可以上升一级，而考核不合格的成员则会下降一级。

正是在这样的竞争制度下，海尔中的每一个成员都努力提高自己的工作能力，如果自己没有任何进步，就意味着和别人相比，自己就已经退步了。正如张瑞敏所说的："给你比赛的场地，帮你明确比赛的目标，比赛的规则公开化，谁能跑在前面，就看你自己的了。"

所以，"赛马不相马"这样的竞争制度是保持团队成员不断向前的重要支撑力，也是管理者值得借鉴的方法之一。

第二，管理者要制定淘汰机制。如果没有淘汰，就没有动力。就像是非洲大草原的羚羊，如果没有狮子的"淘汰机制"，那么它们可能永远不会奔跑，而是一直在草原散步。如果成员的业绩不管多差，都能在团队中安枕而卧，时间久了，成员就会产生

"工作是无所谓的,无论干多干少,结果都是一样的"的想法。

只有在具有高度危机感的淘汰制度下,团队成员才能有"我再不努力,就要被淘汰"的危机想法,才能鞭策成员不断前行,而不是一直在原地踏步。

所以,管理者不仅要设立合理的竞争制度,更要让员工知道,在团队中再不进步,就会被淘汰,从而给员工树立一个正确的团队意识。

第三,管理者需要搭建一个动态的竞争平台。管理者可以在团队中开设一个内部成员的岗位需求板块,让员工更加全面清晰地了解团队的内部需求。通过合理的竞争制度,将原本的成员调动到其他岗位。通过团队内部的岗位调整,使每个岗位中的成员产生危机感。

有时候,成员的危机感不仅要来自于外界,也要来自于内部。同样的工作环境和工作内容,却有的成员步步高升,而有的成员却原地踏步。一旦他们产生了这种想法,危机感也将会从他们内心深处破土而出。没有谁愿意承认自己比其他人差,在这样的竞争平台中,成员才会不断奔跑。

但如果有的成员即使意识到了危机感的存在,却始终不采取行动,那么管理者就应该当断则断,运用淘汰制度,让这些不思进取的成员离开团队。

"安而不忘危,治而不忘乱,存而不忘亡",这虽然是古代帝王治国安邦的策略,但也是流传至今的管理秘籍。无论管理者采取哪种方式哪种途径,都要有着同样的一个目标,就是通过激发成员的危机意识,强化员工的上进意识。

管理不狠，团队不稳

在团队内被人"PK"，总好过在业界被人打败

优秀的管理者知道怎样调动成员的积极性，让成员保持良好的工作状态。出色的管理者知道怎样激发成员的危机感，让成员永葆工作热情。只有成员有激情，团队才能进步。只有成员有危机，团队才能发展。

如何调动成员的积极性，如何激发成员的危机感？这是每个管理者都要不断思考的问题。在成员的积极性和危机感下，团队的业绩才能有所提升。当成员消极怠工，当成员毫无危机感，那么这个团队可能就会在下一秒在业界被对手打败。

管理者想让团队不在业界内被打败，想要始终站在行业前列，团队就必须用竞争制度，让成员在团队内"一争高下"，然后在失败中总结经验。当成员积累了足够的经验，才不会在业界内被对手打个猝手不及，最终一败涂地。

那么，成员的失败经历从哪里来？从团队中的竞争中来。成员的经验从哪里来？从团队的失败中来。管理者要学会让成员在团队活动中体验失败。

小叶所管理的团队，从未出现过任何问题。每个成员都积极工作，任务都能保质保量地完成，小叶始终很放心成员的状态和

团队发展。她从未想过对团队进行任何优化和改进，因为她害怕一旦做出变动，成员将会不适应。小叶觉得墨守成规也没有什么不好，至少可以保证成员的工作质量和效率。但是没有想到，在一次原本十拿九稳的招标中，她所带领的团队居然失败了。

小叶十分不解，自己的成员是有着多年经验的员工，有的还是名校毕业的高材生。为了完成此次任务，成员们也都加班加点，对各个细节不断讨论，反复修改，但为什么却拼不过那个只是普通成员的团队？

原来，对手的团队时常组织任务比赛，管理者从中选出最优秀的完成者，对他的成果进行学习，对其中所存在的不足进行指正和修改，而对于那些任务完成并不出色的成员，也会认真分析他们所存在的问题。在讨论中，让每个成员都能有所收获。

在一次次的讨论和沟通中，管理者十分清楚每个成员所擅长的部分，而成员与成员之间也有着极高的默契，这在一定程度上节省了很多时间。

而小叶对每个成员的能力和优势并不熟悉，成员与成员之间在平时也毫无交流，每个人只埋头于自己的工作。所以在沟通中，会为了一些不必要的小细节争论不休。

这便是成功的团队和失败的团队的区别。前者懂得在团队中失败，而后者从来不在团队中失败，而是在行业内被打败。管理者想要在行业内不被打败，就必须在团队中始终保持一个良好的竞争优势。

而一个团队想要保持良好的竞争优势，就要在团队内部形成竞争机制，让成员在团队的"PK"中汲取经验。管理者要为成员构建一个相互竞争的环境，让他们时刻都有竞争意识。宁可让成员在团队里失败，也绝不能让团队在实战中失败。

那么，管理者该如何让成员在团队中"PK"呢？

第一，要在团队中建立竞争制度。管理者必须要在团队中建立一个竞争制度，但这个制度必须是良性的，而不是成员之间的恶性竞争。前者可以充分激发成员的积极性，而后者只能会把团队搞得乌烟瘴气，让整个团队在恶性竞争中走向分裂。

所以，想要建立一个良性竞争制度，管理者必须先建立一个透明的竞争机制。在透明的竞争机制中，让成员相互学习，相互对比，取长补短。让成员知道竞争的目的是学习和改进，让成员在竞争中增长经验。

管理者在竞争中也要起到正确的引导作用，时刻关注成员的工作情况和状态。在必要的时候，可以修改和完善团队的竞争制度。同时，管理者也必须牢记：在团队中竞争，不单是为了优胜劣汰，更是让成员在竞争中了解行业的动态，紧跟行业的发展。

第二，多犯错，多试错。管理者不要害怕成员犯错，不要恐惧成员出现问题。让成员在团队的良性竞争中显露出问题，然后帮助成员解决问题。管理者要在良性竞争机制中，仔细观察成员的工作状态，从中找到成员的问题所在，同时也要挖掘成员的长处与优势。如果发现成员有其他方面的能力，就应该适当调整，将他放到合适的位置上去，更好发挥其价值和能力。

第三，定期进行审视与修改。管理者需要定期审视团队成员和团队制度。无数团队在业界被打败的原因就是一直沉迷于过去的成就和业绩，根据以往的经验来判断业界的发展，忽略了行业的变化，久而久之，团队便会出现"疲顿倾向"。

管理者必须要定期审视团队发展，对于一些有缺陷或是遗漏的制度进行补充。在团队中进行试行，如果可行便将此项制度正式写入团队制度之中，如果发现并不适用于团队，那么就及时进行修改或者停止。

管理者绝不能因为自认为制度不适用于团队就不推行新制度，否则团队将会趋于僵化。同时，管理者应该找出该制度不适用于团队的原因，是制度本身存在缺陷，还是成员自身有所不足。找到原因之后，管理者再想办法让团队不断进步。

第四，引进外来成员。团队成员之间的竞争，有时候也都是延续过去的模式，时间一长，也会成为形式化的竞争。这个时候，管理者就需要为团队输入新鲜血液，引入外来成员，刺激团队的竞争氛围。同时，外来成员也会给团队带来新的技术和新的管理观念。

管理者必须要在合适的时机引进外来成员，因为他们在刚刚来到这个团队的时候，总能以"旁观者"的角度看待团队问题，提出一些新的解决思路和方法。不过，需要注意的是，管理者引进的这个外来成员，必须是有能力的，是可以让大家认可的成员。

不管是建立良性竞争机制、让成员多犯错，还是定期进行审视与修改，抑或是引进外来成员，都是为了让成员先在团队中"PK"一下，让团队成员增长经验、提升专业水平。而不是等到团队走到业界的时候，被对手"KO"掉，连一个自省的机会都没有。

❗管理不狠，团队不稳

　　在团队中失败并不可怕，可怕是在实战时失败；在团队中成功并不值得骄傲，骄傲的是可以在行业内有一个高业绩。而这些都需要每个成员在团队中失败过，在失败中弥补自己的不足。所以，管理者必须要让成员在团队之中"PK"过，才能以更好的姿态走进业界内。

第八章 培养危机意识，共同进步

每个团队都需要一条"鲶鱼"

挪威人喜欢吃沙丁鱼，尤其是生吃。市场中活沙丁鱼价格远远高于死沙丁鱼，所以为了获得高额收益，渔夫都希望可以将活鱼运输到挪威。但是，运输过程中大部分沙丁鱼都会在半路上窒息而亡，无数渔夫为此头疼不已。

在众多运输船只中，有一艘船上的沙丁鱼存活率远远高于其他船只。众人都好奇不已，直到老船长去世，这个谜底才被揭开——原来他每次都会在装满沙丁鱼的鱼槽中放一条以鱼为食的鲶鱼。

鲶鱼进入陌生环境之后，便会四处游动。而沙丁鱼为了躲避鲶鱼的捕杀，便会四处躲避，加速游动。在躲避过程中，成功解决了沙丁鱼因缺氧而死亡的难题。虽然在追捕过程中，有的沙丁鱼会成为鲶鱼的食物，却还是有很多沙丁鱼可以活着到达目的地。这便是著名的"鲶鱼效应"。

一些团队成熟之后，通常会建立一套较为完善的团队制度，在日复一日的执行过程中，成员形成固定的工作方式，团队也就实现了自发型管理。但团队达到这个状态之后往往会产生一个更为严重的问题：团队中的所有成员在固定模式的桎梏下，会一点

管理不狠，团队不稳

点丧失他们的活力和进取心，导致团队整体创新力和开拓力大幅度下降。

沙丁鱼就像团队中那批毫无激情的员工，能力相似，对工作缺乏主动性，从而导致效率低下，整个团队都处于臃肿不堪的状态。而"鲶鱼"型员工的到来，将会调动起"沙丁鱼"型员工的积极性，让整个团队呈现欣欣向荣的景象。

所以，管理者需要引进"鲶鱼"型成员。"鲶鱼"型员工积极主动，雷厉风行，自然会给贪图安稳的"沙丁鱼"型员工带来压力，推动团队快速发展。

鲶鱼效应已经被广泛运用到各行各业中，而不得不提的团队便是华为。18万名员工，业务遍布200余个国家，服务全球三分之一人口的华为绝对称得上是商界的一艘"航空母舰"。而驱动这艘巨舰的，却是一条条小小的"鲶鱼"。

任正非在很多场合都曾经说过，无论何时，华为员工要保持艰苦奋斗的精神。为此，任正非想出来一个方法——不让员工一直待在一个地方。一些老员工通常会因为一纸调令就奔赴到完全不熟悉的地方。任正非对此的解释是：如果员工在一个地方待得太久，对周边的一切都十分了解和熟悉，那么他也将会产生惰性。

一位在华为入职9个月的员工曾说过，他在深圳呆了一个月，然后前往成都呆了三个月，再然后他便在上海工作了一个月，刚刚对上海有了一些认识，便又离开上海去了深圳……这位员工在不同的地方学到了不同的知识，辗转一年之后，成为了一名可以独当一面的员工。

除了华为，小米、奇虎无不是通过在团队中添加"鲶鱼"，才使得市场上新添加了两家"独角兽企业"。

对团队来说，"鲶鱼效应"是激发员工活力与生机的有效方法之一。一方面，管理者需要为团队输入新鲜的血液，将那些敢闯敢干、思维敏捷的"新生军"引进团队；另一方面，"鲶鱼"型成员也将会给团队不断带来新技术和新管理观念。

那么，管理者又应该如何在自己的团队中放进一条"鲶鱼"呢？

首先，管理者要将自己打造成"鲶鱼"型管理者。人们常说"兵怂怂一个，将怂怂一窝"，如果管理者自身缺乏激情，那么上行下效，成员也将在他的影响下缺乏创新力和对工作的积极性。

想要拥有"鲶鱼"型成员，自己就要先成为"鲶鱼"。管理者需要通过调整纪律、改进流程、制定新制度，将"将死"的"沙丁鱼"赶走，使"活着"的"沙丁鱼"得到正面激励。正所谓"强将手下无弱兵"，一位"鲶鱼"型管理者必须将"沙丁鱼"的活力充分调动起来。

其次，积极挖掘团队内部的"鲶鱼"型成员。想要做到这一点，需要管理者建立有效的竞争机制，鼓励团队成员形成良性竞争，让每位成员都始终处于精神饱满的状态。同时，管理者需要通过绩效管理，建立压力机制，以此来激发成员的热情。

最后，从外部积极引进"鲶鱼型"成员。在团队进入停滞期的时候，管理者需要从外部引入"鲶鱼型"成员，在给既有成员带来压力的同时，也为团队带来新的理念与技术，从而实现团队的可持续发展。

一条"鲶鱼"可以让沙丁鱼活跃起来,但太多"鲶鱼"的出现,只会引起沙丁鱼的极度恐慌。所以管理者不要一直引进"鲶鱼"型员工,否则整个团队都争强斗胜,不利于团队的团结。一条"鲶鱼"能够带来整个鱼群的活跃,就没有必要再去引入第二条。

有一点管理者需要引起注意。如果在团队整体状态最佳的时候引进"鲶鱼"型员工,不仅会打击团队成员的积极性,加重员工的心理负担,还会导致员工消极怠工,甚至会让成员对团队的认同感降低。

那如果出现上述情况该怎么办呢?管理者可以试着采取以下措施。

第一,暂缓"鲶鱼"型员工提出的各项建议,特别是关于一些对于人事改革的建议;第二,当众表彰原有成员,对他们委以重任,表达出管理者对于他们的重视;第三,在"鲶鱼"型员工刚入职的时候,时常进行团队活动,增进成员与成员之间的感情,减轻老成员对"鲶鱼"型员工的抵触情绪。

总之,管理者在引进"鲶鱼"型员工时必须要把握分寸,以免适得其反。

团队中的每个人都有危机感，才不会有人掉队

海尔说："永远战战兢兢，永远如履薄冰"；微软说："微软距离破产永远只有18个月"；英特尔说："只有那些危机感、恐惧感强烈的人，才能够生存下去"；小天鹅公司说："稍不留神，落下万丈深渊"。

在商业界中，那些站在时代巅峰的企业，始终是将危机摆在眼前的企业；那些在时代的洪流下，始终岿然不动的企业，永远是将恐惧挂在嘴边的企业。企业因为危机而永葆生机，团队更是需要凭借危机而紧跟行业步伐。

在美国，有一群濒临灭绝的鹿，当地政府决定将它们保护起来，于是将它们养在了一处水草丰盛的地方。为了保证这群鹿的繁衍，这片地方禁止出现任何鹿的天敌。果然，没有天敌的攻击，这群鹿的数量越来越多，灭绝的危机终于解除了。

但是，过了一段时间之后，科学家发现这群鹿的身体状态越来越差，甚至出现了各种疾病。虽然鹿的灭绝问题解决了，但是鹿的身体健康却是每况愈下。

科学家用了多种方法来解决这一问题，但始终没有改变这种现状。最后，有一个科学家提出建议："不如我们再将狼请回

管理不狠，团队不稳

来，这样或许就能医治好它们。"虽然对这个提议半信半疑，但是在万般无奈之下，他们还是将狼请了回来。

当狼站在鹿的前面的时候，那群鹿还呆呆地站在原地，根本不知道自己即将成为它嘴中的食物。果然，当狼扑过来的时候，鹿根本都不知道逃跑。当鹿群看到自己的同伴被眼前的动物所啃食，它们才开始奔跑。

就这样，这片土地上每天出现的场景不再是鹿群悠闲地散步吃草，而是在狼的追赶下逃命。一旦有跑得慢的，就会成为狼的食物。一段时间过去了，科学家发现，鹿群的身体状态开始好转。

不管是鹿群，还是人类团队，只有在危机的鞭策下，团队才能更好前行。管理者是否发现，有些时候，自己忙得不可开交，但是成员却还是悠哉悠哉？这其实就是因为团队成员没有危机感，从而导致团队效率低。

波音公司是全球航空航天业的领袖公司，同时也是世界上最大的民用和军用飞机制造商之一。这样一个闻名于世界的飞机制造商却在20世纪90年代初走到了经营低谷。为了改变这一现状，波音公司决定拍摄一部虚拟的新闻片。

灰蒙蒙的天空，原本忙碌不堪的公司已经空无一人。公司在高处挂了一个招牌，上面写着：厂房出售。原本用来通知的扩音器里传来"今天是波音公司时代的终结，波音公司已关闭最后一个车间"的消息。而员工在这样的通知下，拿着属于自己的东西离开了公司，只留下了一个萧条的背影。

正是这个看似毫不起眼的新闻片，却带给波音公司的员工巨大的震撼。从那以后，波音员工时刻身处于危机之中，生怕新闻片中的场景成为现实。

在激烈的市场竞争中，只有时刻具备危机意识的企业才能立于不败之地，而团队亦是如此。如果不想在业内被打败，团队上下都必须要有危机感，不管是身居高位的管理者，还是身处一线的成员，都必须树立危机意识。即使团队目前是处于安全地区，管理者也绝不能放松警惕。

当每个成员都具有这种危机意识，他们就会奋发向上，争取不让自己掉队，不被团队所淘汰。那么，管理者应该如何让团结中的每一个成员都具有危机感呢？

第一，管理者要增强团队中的每一个成员的危机感。如何增强团队成员的危机感，这就需求管理者引进一条"鲶鱼"，始终让成员感到"危险"。正如前文所说：一条鲶鱼可以让原本死气沉沉的沙丁鱼活跃起来。

当"鲶鱼"型成员出现，每个成员都会像沙丁鱼那样动起来，他们会因内心的危机而不断努力工作。

第二，管理者要学会语言刺激。管理者应该告诉自己的成员："业绩不是说出来的，而是拼出来的。你们要给我汇报的不是你们做了多少，而是你最终的成功。""团队需要的不是你们的苦劳，而是你们的功劳。"通过这种言语的刺激，让员工产生危机感。

没有谁愿意当最后一名。有时候，成员会为了捍卫自己的尊严和面子，而拼命激发自己的潜能。

第三，管理者可以设立任务优异等级。有时候语言上的激励或是惩罚远不如制度来得更有效果。

在这方面,日本的企业就有很多值得借鉴的地方。松下公司的人事部门曾经介绍了公司的员工竞争制度。公司会在每个季度进行一次部门经理参加的会议,相互了解彼此的工作成果。但是在会议召开之前,公司的负责人将会按照每个部门任务的完成情况,将它们分为1、2、3、4四个等级。而这个等级则决定着汇报顺序的先后,等级高的部门具有优先汇报权。

团队管理者也可以根据成员任务完成情况进行分类。对于每一次任务完成情况都是最后一名的员工,管理者就可以对其采取相应的惩罚措施,以此让团队中的每一个成员都有危机感。

任正非曾经说:"危机并不遥远,死亡却是永恒的,这一天一定会到来,你一定要相信。从哲学上,从任何规律上来说,我们都不能抗拒,只是如果我们能够清晰认识到我们存在的问题,我们就能延缓这个时候的到来。"

团队成员的危机意识可以让其不断提升自我,使其不至于一直在原地踏步;而如果团队的所有成员都有危机意识,那这个团队就会始终不落人后,勇往直前!